유니티 게임 AI 프로그래밍 2/e

유니티 게임 AI 프로그래밍 2/e

유니티 5로 구현하는
게임 제작에 필요한 인공지능 기술

레이 바레라 · 아웅 시투 키야우 · 클리포드 피터스 · 뗏 네잉 세예 지음
조경빈 옮김

지은이 소개

레이 바레라 Ray Barrera

어린 시절에 뭐든 만들고 고치는 것을 좋아했다. 〈스타크래프트StarCraft〉나 〈언리얼 토너먼트Unreal Tournament〉 같은 게임의 변형이나 커스텀 맵 등을 만드는 것부터 RPG 메이커를 사용해 오픈소스 롤플레잉 게임을 개발하는 것까지 항상 게임 개발에 열정을 가지고 있다. 열정을 취미 생활로 승화하며 몇 년을 지낸 후 전문 개발자로서의 삶을 살기로 결정했다.

초기에 방위 산업의 메이저 계약자를 위한 교육과 연구 프로젝트를 수행하면서 충분한 경험을 쌓았고, 이를 통해 원래부터 하고 싶었던 게임으로 열정을 이어갔다. 이때부터는 엔터테인먼트와 교육 사이를 넘나들면서 활약했다. 그에게 유니티는 게임과 애플리케이션 개발을 유연하고 빠르게 도와주는 좋은 무기다. 로스앤젤레스 유니티Los Angeles Unity 미팅의 원년 멤버로 지역 교육기관과 고등학교에서 진행된 유니티 워크숍을 도와가며 유니티 커뮤니티에서 매우 활발하게 활동하고 있다. 트위터 계정은 @ray_barrera다.

고마운 사람이 너무 많지만, 그중에서도 이런 멋진 기회를 제공해준 팩트출판사에 고마움을 전하고 싶다. 그리고 멋진 친구들과 가족, 특히 항상 내가 열정을 쫓는 삶을 살도록 격려하고 지원해준 부모님께 감사드린다. 또한 멋진 사람들로 구성된 Twistory 팀에게도 고맙다고 이야기하고 싶다. 대니, JP, DW, 리차드, 사랑스러운 '퍼플', 그리고 나머지 모두에게 고맙다. 그들과 함께 일할 수 있어 행운이었다. 훌륭한 조언으로 이끌어주신 피터 트레넘에게도 감사한 마음을 전한다. 마지막으로 지난 몇 년간 사랑과 지원을 아끼지 않은 나의 형제 지아니에게도 감사한다.

아웅 시투 키야우 Aung Sithu Kyaw

십 년 이상 기술 분야에서 일해 왔다. 그래픽 프로그래밍에 특히 열정적이며 비디오 게임을 개발하거나 글을 쓰고 이 지식을 다른 사람과 나누는 것을 즐긴다. 싱가포르 난양 기술 대학NTU, Nanyang Technological University에서 디지털 미디어 기술 석사 학위를 받았다. 지난 몇 년간 연구 프로그래머, 시니어 게임 프로그래머 등 다양한 역할을 수행했으며, 마지막으로 언리얼 개발 키트Unreal Development Kit를 사용한 센서 기반 실시간 무비 시스템 구현 연구원으로 일했다. 2011년 기술 기반 스타트업을 설립했으며 인터랙티브 미디어 생산과 백엔드 서버 측 기술에 집중했다. 현재는 미얀마에 머물면서 최근 자신의 회사 제품인 미얀마용 게임화 소셜 오피니언 네트워크 개발에 힘쓰고 있다.

트위터는 @aungsithu이며 링크드인은 http://linkedin.com/in/aungsithu다.

바쁜 일정 속에서도 이 책의 출간을 위해 노력해준 공동 저자에게 진심으로 감사의 마음을 전한다. 또한 팩트출판사 팀에게도 감사드린다. 그리고 마지막으로 인디 게임 개발자도 사용할 수 있는 이런 멋진 도구를 개발한 유니티 3D 개발진에게도 고마운 마음을 전한다. 이 책을 L에게 바친다!

클리포드 피터스 Clifford Peters

프로그래머이자 컴퓨터 과학자다. 팩트출판사가 출간한 『Unity Game Development Essentials』, 『Unity 3D Game Development by Example Beginner's Guide』, 『Unity 3 Game Development HOTSHOT』, 『Unity 3.x

Game Development by Example Beginner's Guide』, 『Unity iOS Game Development Beginner's Guide』, 『Unity iOS Essentials』를 리뷰했다.

뗏 네잉 세예 Thet Naing Swe

싱가포르에 있는 Joy Dash Pte Ltd의 창업자이자 CTO다. 센트롤 랭커셔 대학 University of Central Lancashire에서 게임 디자인과 개발을 전공했으며 영국에 기반을 둔 닌텐도 DSNintendo DS 게임 개발 스튜디오에서 게임 프로그래머로서 첫 경력을 시작했다. 2010년 다시 싱가포르로 돌아와서 난양 기술 대학의 시네마틱 연구 프로젝트에서 그래픽 프로그래머로 일했다.

Joy Dash에서 인터랙티브 디지털 미디어 컨설팅 프로젝트를 담당하고 있으며, 특히 유니티 3D를 활용한 교육, 캐주얼 게임, 증강 현실 프로젝트를 맡고 있다. 이메일(thetnswe@gmail.com)을 통해 그와 연락할 수 있다.

이 책이 아무런 문제없이 출간되게 도와주고 독자 여러분을 만나게 해준 팩트출판사의 모든 팀에게 진심으로 감사드린다. 그리고 게임 개발자가 되고 싶은 나의 꿈을 항상 믿고 지지해준 부모님께도 감사드린다. 지금까지의 지지와 지원이 없었다면 지금의 나는 없었을 것이다.

그리고 마지막으로 일과 시간 이후 그리고 늦은 밤 심지어 주말까지도 이 책 작업에 매달리는 나를 이해해준 아내 메이 테인다 아웅에게 너무 감사하다. 그녀의 이해와 지원이 없었다면 이 책은 제시간에 나오지 못했으리라 생각한다. 무엇을 하건 늘 응원해줘서 고맙고 사랑한다.

기술 감수자 소개

모하메던 바키르 바가스라왈라<small>Mohammedun Bakir Bagasrawala</small>

Beachhead Studio, Activision Blizzard studio의 유니티 인공지능 엔지니어다. 남부 캘리포니아 대학<small>University of Southern California</small>의 게임 개발에 특화된 컴퓨터 과학 석사 학위를 보유하고 있다. 드림웍스 애니메이션<small>DreamWorks Animation</small>에서 혁신적인 인공지능 기술을 개발하는 팀의 일원으로 일했다. 이후 트레이아크<small>Treyarch</small>로 옮겨 〈콜 오브 듀티: 블랙옵스 3<small>Call of Duty: Black Ops 3</small>〉를 개발하며 가장 행복한 시간을 보냈다. 또한 USC GamePipe Laboratory에서 모바일, 콘솔, 보드게임 전반에 걸친 인공지능을 이끌고 있다.

나의 부모님 새비르와 리타, 나의 형제 에스메일과 잭클린 그리고 베스트 프렌드 애프렌에게 고마운 마음을 전한다. 그들 덕분에 지금의 내가 있다. 또한 항상 곁에 있어 준 지젤, 프락틱, 루샤브, 닐, 소함, 카쉬얍, 사바리시, 알베르토에게도 고마움을 전한다. 마지막으로 나의 전 매니저인 마크, 비시와, 리안, 트레버에게도 감사 인사를 전하며 나의 교수님이셨던 아르템과 미카엘 지다에게도 감사드린다.

아담 보이스 Adam Boyce

소프트웨어 개발자 겸 인디 게임 개발자로 특히 C# 스크립팅, 게임 디자인, 인공지능 개발 전문가다. 다양한 캐나다 기업에서 애플리케이션 지원, 소프트웨어 개발, 데이터 아키텍처를 경험했다. 또한 팩트출판사에서 출간한 『Unity AI Programming Essentials』를 리뷰했다. 개발 블로그는 www.gameovertures.ca 이며 트위터는 https://twitter.com/AdamBoyce4다.

리뷰 과정을 지원해주고 항상 내 곁에 있어 준 아내 게일에게 고마운 마음을 전한다.

잭 도노반 Jack Donovan

게임 개발자이자 소프트웨어 엔지니어로 유니티 버전 3 이후부터 줄곧 유니티 3D 엔진을 사용해 왔다. 벌링턴, 버몬트 챔플레인 대학 Champlain College in Burlington, Vermont에서 게임 프로그래밍 학사 학위를 취득했다.

현재 뉴욕에 있는 가상 현실 스타트업 IrisVR에서 일하고 있으며 CAD 모델과 설계도로부터 가상 현실 경험을 생성하도록 도와주는 소프트웨어를 개발하고 있다. 이 회사에서 일하기 전에는 작은 독립 게임 팀에서 동료들과 함께 일했고 이때 팩트출판사에서 출간한 『OUYA Game Development by Example Beginner's Guide』를 집필했다.

차이마 젬말리 Chaima Jemmali

네트워크와 텔레커뮤니케이션 공학 학위를 보유하고 있다. 풀브라이트 장학생으로 인터랙티브 미디어와 게임 개발 석사 학위를 위해 매사추세츠 주의 우스터에 있는 우스터폴리테크닉 대학Worcester Polytechnic Institute에서 공부 중이다.

자신이 진행하는 게임 프로젝트를 통해 코딩에 대한 심도 있는 교육을 진행하며 iD Tech Camps에서 교육자로서 인턴십을 진행했고, 이 책을 리뷰하는 등 여러 활동을 통해 프로그래밍에 대한 애정을 공유하고 있다.

이 책의 저자에게 고마움을 전하며 이 책을 만드는 데 애쓴 모두에게 감사드린다.

악쉐이 수닐 마사레 Akshay Sunil Masare

현재 칸푸르에 있는 인도 공과 대학Indian Institutes of Technology 학생으로 컴퓨터 과학과 엔지니어링 학사 학위를 위해 공부 중이다. 안드로이드와 웹 기반의 다양한 게임을 개발했다. 또한 아타리 2600Atari 2600 플랫폼에서 동작하는 모든 게임을 학습하기 위해 딥러닝과 복잡한 신경망을 사용하는 인공지능 에이전트와 관련된 일도 하고 있다.

옮긴이 소개

조경빈(binygames@gmail.com)

인프라웨어에서 웹 브라우저 엔진 개발에 참여했으며 현재는 게임개발사 셀바스에서 신작 개발에 전념하고 있다. 형식에 얽매이기보다는 자유로움 속에서 효율을 찾는 과정에 관심이 많다. 대학시절부터 다수의 전시회 출품과 공모전 입상 경력이 있으며, SKT T스토어 제1회 공모전 스마트폰 게임 부문에서 입상을 하기도 했고, 개인 자격으로 애플 앱스토어에 10개 이상의 앱을 등록해 미국 앱스토어에서 카테고리 1위에 오르는 등 다양한 실험을 하기도 했다. 국내 최초의 유니티 관련 서적인『유니티 게임 엔진 한글 메뉴얼』(2010)을 번역했으며, 에이콘출판사에서 출간한『Flash Game Development by Example 한국어판』(2011)과『모던 자바스크립트 Modern JavaScript』(2014),『유니티 게임 AI 프로그래밍』(2015),『RPG를 만들면서 배우는 유니티 2D 게임 개발』(2015),『The Gourmet iOS Developer's Cookbook』(2015)을 번역했다.

옮긴이의 말

우리는 얼마 전 대한민국 땅에서 인공지능 역사에 한 획을 그은 사건을 생생하게 목격할 수 있었습니다. 온 대중매체가 연일 집중해 생중계와 보도를 쏟아내며 세기의 대결이라 칭했던 구글의 인공지능 알파고와 천재 바둑기사 이세돌 간의 대국이 바로 그 대상이었는데요. 바둑이라고는 아주 기초적인 규칙밖에 모르는 저도 넋을 놓고 지켜볼 만큼 인류 역사에 있어서 매우 흥미로운 인간과 인공지능 간의 대결이었습니다.

이미 출간을 마친 『유니티 게임 AI 프로그래밍』의 옮긴이의 말을 쓸 때 제가 초등학교 시절 8비트 컴퓨터를 가지고 인공지능 바둑 게임을 만들어서 대결을 펼치며 흥분과 환희를 느낀 이야기를 적었는데, 이젠 인공지능이 세계 최고의 바둑 기사를 이기는 시대가 된 것입니다. 인류 역사를 돌이켜볼 때 인공지능 분야는 상대적으로 매우 짧은 시간에 비약적인 발전을 했습니다. 저뿐만 아니라 많은 분들이 알파고와 이세돌의 생중계를 지켜보면서 알파고가 단순한 소프트웨어를 넘어서서 마치 영혼마저 있는 것 같은 느낌을 받았다고 말합니다. 그만큼 인공지능은 앞으로 우리의 삶에 성큼성큼 다가올 것입니다.

이 책은 전작인 『유니티 게임 AI 프로그래밍』의 단순한 후속판으로 보기엔 너무 많은 내용이 변경됐습니다. 일단 가장 눈에 띄는 변화로 책의 모든 내용이 유니티 5를 기본으로 구성됐으며 인공지능에 대한 기본적인 소개부터 시작해 유한 상태 기계의 개념, 랜덤과 확률, 센싱 기술의 구현, 길 찾기 알고리즘, 행동 트리, 퍼지 로직 등 게임 제작에 필요한 인공지능 기법과 이를 유니티가 지원하는 환경에서 어떻게 구현할 수 있는지를 비교적 초보자의 시선에서 차근차근 상세히 설명하고 있습니다. 일부 장르를 제외하면 대부분의 게임은 수준과 정도의 차이는 있지만, 인공지능을 적용해야만 하는 상황이 발생하는데, 이때 이 책에서 다루는 내용만 제대로 익혀놔도 실전에서 별다른 부족함 없이 원하는 의도대로 만들어 낼 수 있을 것으로 생각합니다. 물론 이 책에서 다루고 있는 인공지능이 앞서 이야기한 인류의 삶을 근본적으로 변화시키는 기술과는 지향점이 다르다는 점은 이해해야 합니다. 게임 인공지능의 목표는 인류의 삶에 영향을 주는 것보다는 게임 자체에서 느낄 수 있는 재미를 늘리는 데 있으며 이 책은 그런 목표를 달성하는 데 필요한 기술에 집중하고 있기 때문입니다.

게임 인공지능이라는 흥미로운 주제를 유니티 환경에서 구현하는 방법에 대해 다룬 이 책의 번역을 맡은 일은 제겐 영광스러운 경험이었고 유니티 환경에서 게임을 개발하는 개발자에게 인공지능 프로그래밍의 기초를 탄탄하게 다져줄 수 있는 좋은 책을 소개할 수 있어서 기분이 좋습니다. 이런 좋은 기회를 주신 에이콘 출판사 권성준 사장님을 비롯해 애써주신 모든 분께 진심으로 감사합니다. 그리고 무엇보다 이 책을 선택해 지금 이 글을 읽고 있는 독자 여러분에게 진심으로 고맙습니다. 부디 이 책이 인공지능 프로그래밍의 기초를 다지는 데 큰 도움이 되기를 희망합니다.

조경빈

차 례

7장 퍼지 로직을 사용한 인공지능 개선

들어가며

이 책에서 우리는 게임 개발과 관련한 인공지능에 대해 살펴볼 것이다. 어떤 장르의 게임을 개발하느냐는 크게 상관없으며 다양한 활용 사례를 찾을 수 있을 것이다.

이 책의 목적은 여러분을 전문가로 만드는 것이 아니다. 전문가가 되기 위해서는 훨씬 더 오랜 기간 동안 많은 양의 자료를 학습해야 한다. 이 책은 인공지능을 배우기 시작하는 독자에게 길잡이가 되어 줄 것이다. 인공지능과 관련된 가장 기본적인 요소를 다루고 있으며, 이 책을 마칠 때쯤이면 자신만의 게임에 인공지능을 구현하는 데 필요한 지식을 갖추게 된다. 책에서 제공하는 게임 예제를 확장해도 좋고 직접 새롭고 흥미로운 것을 만들어 봐도 좋다.

이 책에서 제공하는 예제를 따라 해보고 코드를 고쳐가면서 연습하면 학습에 많은 도움이 될 것이다. 각 장은 개념적인 배경과 약간의 예제를 제공하며 여러분은 이를 각자 개발 중인 게임에 어떻게 적용할지 고민해보면 좋다.

이 책의 구성

1장, 게임에서의 인공지능 기초 매우 방대하고 어려운 주제인 인공지능의 가장 기본적인 개념을 명확하게 알아본다.

2장, 유한 상태 기계 인공지능에서 가장 널리 사용되는 유한 상태 기계에 대한 개념을 설명한다.

3장, 센서 구현 게임 인공지능 에이전트가 주변 환경을 인지하게 하는 가장 중요한 몇 가지 방법을 알아본다. 인공지능 에이전트의 현실성은 주변 환경에 어떻게 반응하느냐에 따라 크게 달라진다.

4장, 길 찾기 인공지능 에이전트가 길을 찾아갈 때 가장 널리 사용되는 패턴을 설명한다. 게임 내의 에이전트는 장애물을 피해가며 게임에서 제공하는 지형을 탐색할 수 있어야 한다.

5장, 군집 처리 군집 처리 시뮬레이션 알고리즘에 대해 살펴보며, 이를 통해 개별 에이전트의 로직보다는 전체 군집의 이동과 관련된 로직을 처리하는 방법을 알아본다.

6장, 행동 트리 복잡한 인공지능 행동을 구현할 때 가장 널리 사용되는 방식인 행동 트리를 직접 구현해본다.

7장, 퍼지 로직을 사용한 인공지능 개선 바이너리 방식을 사용하지 않고 다양한 요소를 고려한 인공지능 에이전트의 의사결정 방법을 알아본다. 퍼지 로직은 사람이 의사 결정을 내리는 방식을 흉내낸다.

8장, 통합 다양한 시스템을 사용해서 하나의 간단한 게임 템플릿을 만들어 본다. 이를 확장할 수도 있다.

준비 사항

이 책에서 제공하는 예제 콘텐츠를 사용하려면 유니티 5가 필요하다. https://unity3d.com/get-unity에서 무료로 다운로드할 수 있다. 시스템 요구사항은 https://unity3d.com/get-unity를 참고한다.

MonoDevelop은 유니티 5와 함께 제공되는 통합 개발 환경으로 함께 사용하면 좋다. 필수 요구사항은 아니며 텍스트 에디터를 사용할 수도 있다. 하지만 MonoDevelop을 사용하면 별도의 플러그인이나 익스텐션 없이도 자동완성 기능을 포함해 코드의 작성과 디버깅을 편하게 할 수 있다.

이 책의 대상 독자

이 책은 C#과 유니티 편집기의 기본적인 내용을 이해하고 있는 유니티 개발자를 대상으로 한다. 게임을 처음 만들거나 게임 프로그래머로서의 지식을 넓히려고 한다면 게임 인공지능 관련 개념과 예제 구현을 통해 다양하고 흥미로운 정보를 얻을 수 있다. 이 책은 게임 인공지능과 관련한 특별한 사전 지식은 요구하지 않는다.

편집 규약

정보의 종류를 구분하기 위해 여러 가지 편집 규약을 사용했다. 각 사용 예와 의미는 다음과 같다.

본문에서 코드 단어는 다음과 같이 표시한다.

"인스펙터에서 `targetMarker` 변수에 지정하면 된다."

코드 블록은 다음과 같이 표시한다.

```
public class Aspect : MonoBehaviour {
  public enum aspect {
    Player,
    Enemy
  }
  public aspect aspectName;
}
```

메뉴 혹은 대화 상자에 표시되는 단어는 다음과 같이 표시한다.

"패널이 닫혔을 때, 여전히 새로운 레이어를 Layers 드롭다운을 클릭하고 Create New Layer를 선택해서 생성할 수 있다."

경고나 중요한 노트는 박스 안에 이와 같이 표시한다.

 팁과 트릭은 박스 안에 이와 같이 표시한다.

독자 의견

독자로부터의 피드백은 항상 환영이다. 이 책에 대해 무엇이 좋았는지 또는 좋지 않았는지 소감을 알려주기 바란다. 독자 피드백은 독자에게 필요한 주제를 개발하는 데 매우 중요하다.

일반적인 피드백을 우리에게 보낼 때는 간단하게 feedback@packtpub.com으로 이메일을 보내면 되고, 메시지의 제목에 책 이름을 적으면 된다. 여러분이 전문 지식을 가진 주제가 있고, 책을 내거나 책을 만드는 데 기여하고 싶으면 www.packtpub.com/authors에서 저자 가이드를 참조하기 바란다.

고객 지원

팩트출판사의 구매자가 된 독자에게 도움이 되는 몇 가지를 제공하고자 한다.

예제 코드 다운로드

이 책에 사용된 예제 코드는 http://www.packtpub.com의 계정을 통해 다운로드할 수 있다. 다른 곳에서 구매한 경우에는 http://www.packtpub.com/support를 방문해 등록하면 파일을 이메일로 직접 받을 수 있다. 또한 에이콘출판사의 도서정보 페이지인 http://www.acornpub.co.kr/book/unity-ai-2e에서도 예제 코드를 다운로드할 수 있다.

컬러 이미지 다운로드

이 책에서 사용된 스크린샷과 다이어그램의 컬러 이미지를 PDF 파일로 제공한다. 컬러 이미지는 결과물의 변화를 이해하는 데 도움이 될 것이다. https://www.packtpub.com/sites/default/files/downloads/8272OT_ColorImages.pdf에서 PDF 파일을 다운로드할 수 있다. 또한 에이콘출판사의 도서정보 페이지인 http://www.acornpub.co.kr/book/unity-ai-2e에서도 컬러 이미지를 다운로드할 수 있다.

오탈자

내용을 정확하게 전달하기 위해 최선을 다했지만, 실수가 있을 수 있다. 팩트출판사의 책에서 코드나 텍스트상의 문제를 발견해서 알려준다면 매우 감사하게 생각할 것이다. 그런 참여를 통해 다른 독자에게 도움을 주고, 다음 버전에서 책을 더 완성도 있게 만들 수 있다. 오자를 발견한다면 http://www.packtpub.com/support를 방문해 이 책을 선택하고, 정오표 제출 양식을 통해 오류 정보를 알려주기 바란다. 보내준 내용이 확인되면 웹사이트에 그 내용이 올라가거나, 해당 서적의 정오표 섹션에 그 내용이 추가될 것이다. http://www.packtpub.com/support에서 해당 타이틀을 선택하면 지금까지의 정오표를 확인할 수 있다. 한국어판은 에이콘출판사 도서정보 페이지 http://www.acornpub.co.kr/book/unity-ai-2e에서 찾아볼 수 있다.

저작권 침해

저작권 침해는 모든 인터넷 매체에서 벌어지고 있는 심각한 문제다. 팩트출판사에서는 저작권과 라이선스 문제를 아주 심각하게 인식하고 있다. 어떤 형태로든 팩트출판사 서적의 불법 복제물을 인터넷에서 발견했다면 적절한 조치를 취할 수 있게 해당 주소나 사이트 명을 즉시 알려주길 부탁한다. 의심되는 불법 복제물의 링크를 copyright@packtpub.com으로 보내주기 바란다. 저자와 더 좋은 책을 위한 팩트출판사의 노력을 배려하는 마음에 깊은 감사의 뜻을 전한다.

질문

이 책에 관련된 질문이 있다면 questions@packtpub.com을 통해 문의하기 바란다. 최선을 다해 질문에 답해 드리겠다. 한국어판에 관한 질문은 이 책의 옮긴이나 에이콘출판사 편집 팀(editor@acornpub.co.kr)으로 문의해주길 바란다.

1

게임에서의 인공지능 기초

일반적으로 인공지능AI, Artificial Intelligence은 복잡하고 어려운 주제라고 생각하기 쉽다. 인공지능은 로봇공학에서부터 통계, 엔터테인먼트, 비디오 게임에 이르기까지 적용 분야가 다양하다. 우리의 목표는 개별적인 인공지능 적용 사례를 통해 이 주제를 이해하기 쉽게 풀어내고 실제 적용할 수 있는 예제를 통해 가장 중요한 개념을 쉽게 이해하도록 만드는 데 있다.

1장에서는 학문적이고 전통적인 관점에서의 인공지능 배경 지식을 살펴보고 이를 게임에 적용하는 방법에 대해 가볍게 다룰 예정이다. 다음은 1장에서 다룰 주제다.

- 게임에서의 인공지능 적용과 구현이 다른 분야와 다른 점
- 게임에서 인공지능을 적용할 때 필요한 요구사항
- 게임에서 사용하는 기초적인 인공지능 패턴

유니티 환경에서 인공지능 패턴을 구현함에 있어서 1장은 이후 장에서 필요한 참고 자료를 제공하는 역할을 한다.

가상의 삶 구현

동물이나 사람처럼 살아있는 생명체는 매 순간 행동을 결정하는 데 필요한 지적 능력을 갖추고 있다. 우리의 뇌는 소리나 촉각, 후각, 시각 등을 통해 들어온 자극을 처리 가능한 형태의 정보로 변환하는 능력을 갖추고 있다. 반면에 컴퓨터는 이진 데이터를 가지고 논리적이고 수리적인 연산만을 빠른 속도로 처리할 수 있다. 인공지능이란 이런 컴퓨터가 마치 사람처럼 생각하고 의사결정을 내리는 것처럼 보이게 하는 기술이다.

인공지능 관련 연구 분야는 어렵고 방대하지만, 우선 각 분야에서 사용 중인 인공지능의 기본적인 내용을 이해하는 것이 매우 중요하다. 인공지능은 일반적인 용어로 이의 구현과 적용은 해결하려는 문제와 적용하려는 대상에 따라 달라진다.

게임에 특화된 내용으로 들어가기 전에 지난 10년간 엄청나게 발전한 인공지능 연구 영역에 대해 잠시 살펴보자. 자율 로봇과 같이 공상 과학에서나 다루던 대상이 빠르게 현실이 되어가고 있다. 인공지능의 발전 사례는 멀지 않은 곳에 있다. 여러분이 사용 중인 스마트폰은 대부분 인공지능 기술이 적용된 디지털 비서 기능을 갖추고 있다. 다음은 인공지능 기술을 주도하는 주요 연구 분야다.

- **컴퓨터 비전**: 비디오나 카메라 등으로부터 시각적인 입력을 받아 이를 분석해 얼굴 인식이나 사물 인식, 광학 문자 판독 등의 처리를 수행하는 능력을 말한다.

- **자연어 처리** NLP, Natural Language Processing: 기계가 마치 사람처럼 언어를 읽고 이해하는 능력을 말한다. 문제는 오늘날 우리가 사용하고 있는 언어는 기계가 이해하기에는 너무 어렵다는 점이다. 동일한 뜻을 다양한 문장으로 전달할 수도 있고 하나의 문장이 다양한 뜻으로 해석되기도 한다. NLP는 기계가 사람이 사용하는 문장을 이해하고 반응하기 위해 거쳐야 하는 중요한 단계다. 다행히도 웹을 검색해보면 연구자들을 도와줄 수많은 언어 자동 분석 자료가 존재한다.

- **상식 추론**: 우리의 뇌가 온전히 알지 못하는 분야에 대해 어떤 답을 꺼낼 때 사용하는 기술을 말한다. 상식이란 평소 가진 배경 지식이나 맥락, 언어 지식 등을 활용해 얻어낼 수 있는 지식을 말한다. 하지만 컴퓨터를 사용해 이런 상식

추론을 하는 일은 매우 복잡하고 여전히 큰 도전 과제로 남아 있다.

- **머신 러닝**: 이 단어는 마치 공상과학에나 나올 것 같지만, 현실화가 멀지 않은 기술이다. 컴퓨터 프로그램을 일반적으로 명령어의 정적 집합으로 구성되는 데, 이는 입력을 받아 출력을 전달하는 형태를 말한다. 머신 러닝은 프로그램이 처리한 결과를 토대로 다시 학습하는 알고리즘이 핵심이다.

인공지능을 사용한 게임성 강화

게임에 인공지능이 적용된 역사를 거슬러 올라가다 보면 남코Namco 사의 히트작인 〈팩맨Pac-Man〉을 만날 수 있다. 이 게임에 적용된 인공지능은 단순했지만 그럼에도 불구하고 적 캐릭터인 블링키Blinky, 핑키Pinky, 잉키Inky, 클라이드Clyde는 각기 고유한 행동으로 플레이어를 위협했다. 각 적의 패턴을 파악하고 그에 반응하도록 만든 방식은 게임의 깊이를 더해 플레이어에게 도전할 욕구를 만들어줬고 이는 30년도 더 지난 현재까지도 플레이어들이 이 게임을 그리워하게 만들었다.

게임 기획자는 플레이어에게 적절한 도전 욕구를 자극하도록 게임을 설계해야 하는데, 인공지능을 사용하면 게임 내의 적을 마치 살아있는 생명체처럼 움직이도록 할 수 있어 큰 도움이 된다. 이 책에서 다루고 있는 인공지능 기술을 잘 적용한다면 게임 기획자나 프로그래머는 새로운 생명체를 탄생시킬 수도 있는 것이다.

게임에서 인공지능의 역할은 함께 경쟁할 수 있는 개체를 제공해 재미를 만들어내고 흥미를 유발하는 NPCnon-player characters들을 제공해 게임 월드에 현실감을 불어넣는 데 있다. 다만 게임에서의 인공지능은 현실 세계를 그대로 모방하는 것이 아니라 게임 내 세상의 변화에 따라 적절한 대응을 하면서 마치 NPC가 지능을 갖추고 살아있는 듯한 느낌을 주는 수준이면 충분하다.

기술적으로는 실제 인간을 흉내내는 수준을 향해 인공지능이 발전하고 있지만, 아직 게임에서는 실제 인간을 흉내내는 수준을 요구하진 않는다. 게임에서의 인공지능은 최대한 효율적이어야 한다. 환경이 많이 좋아졌다고는 하지만 여전히 메모리나 처리 속도를 고려하면서 개발을 해야 한다. 그래픽 렌더링이나 물리 시뮬레이션, 오디오 처리, 애니메이션 처리 등 인공지능 외에도 동시에 수행해야 하는 일이 많기 때문이다. 일정한 수준의 프레임을 유지하기 위해서는 특정 처리에 병목이 발생해선 안 된다. 이런 이유로 인공지능 처리 최적화는 여전히 큰 과제로 남아 있다.

유니티에서 인공지능 사용

이번 절에서는 다양한 종류의 게임에서 사용하고 있는 인공지능을 살펴보고 2장부터는 이런 기능을 유니티에서 구현하는 방법을 살펴볼 예정이다. 유니티는 유연한 엔진으로 인공지능 패턴을 구현하는 다양한 방법을 제공하는데, 그중 일부는 바로 쉽게 적용할 수 있는 것도 있다. 이 책에서는 유니티에서 사용할 수 있는 가장 기본적인 인공지능 패턴을 구현하는 방법에 집중할 생각이며, 이를 개발 중인 게임에 바로 적용할 수도 있다. 이 책에서 제공하는 내용을 잘 익혀두면 앞으로 인공지능을 배워 나가는 데 필요한 기초를 쌓는 데 큰 도움이 될 것이다.

에이전트 정의

본격적인 내용으로 들어가기 전에 이 책 전반에 걸쳐 자주 사용할 핵심 용어인 에이전트agent에 대해 알아두자. 인공지능에서 말하는 에이전트는 인공지능을 지닌 개체를 의미한다. 복잡한 행동 패턴을 가지고 지능이 있는 것처럼 행동하는 모든 개체를 에이전트라고 부른다. 게임 개체는 캐릭터일 수도 있고 생명체나 이동 수단 등 뭐든 가능하다. 이제 본격적인 내용으로 들어가 보자.

유한 상태 기계

유한 상태 기계FSM, Finite State Machine는 가장 단순한 형태의 인공지능 모델로 게임에서 널리 사용한다. 상태 기계는 기본적으로 다양한 상태를 가지며 이 상태 간에 전이가 가능한 모델을 말한다. 게임 개체는 초기 상태에서 출발해 특정 이벤트와 규칙에 따라 다른 상태로 변화한다. 게임 개체는 동시에 하나의 상태만 가질 수 있다.

예를 들어 일반적인 슈팅 게임에서의 인공지능 방어 캐릭터를 살펴보면 이때 가질 수 있는 상태는 그림처럼 단순하게 정찰, 추격, 발사가 있다.

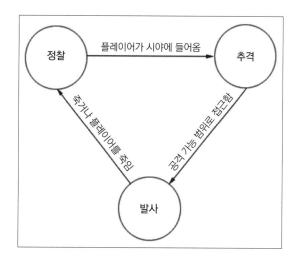

간단한 FSM은 기본적으로 4가지 컴포넌트로 구성된다.

- **스테이트**States: 이 컴포넌트는 게임 개체나 NPC가 선택할 수 있는 상태(정찰, 추격, 발사) 세트를 정의한다.

- **트랜지션**Transitions: 이 컴포넌트는 서로 다른 상태 간의 관계를 정의한다.

- **룰**Rules: 이 컴포넌트는 상태를 전이하는 데 사용한다(플레이어가 시야에 들어오면 공격 가능 범위로 접근해 죽거나 플레이어를 죽임).

- **이벤트**Events: 룰 검사를 시작하도록 하는 컴포넌트(경비요원의 시야, 플레이어와의 거리 등)

유한 상태 기계는 상대적으로 구현이 간단하고 시각적이며 이해하기 쉬워서 널리 사용되는 인공지능 기술이다. 간단히 if/else 구문이나 switch 구문을 사용해서도 구현이 가능하다. 물론 처리해야 하는 상태와 전이가 많아지면 간단한 조건문 처리로는 한계가 온다. 2장에서 좀 더 구조화된 형태로 유한 상태 기계를 구현하는 방법을 살펴본다.

에이전트의 눈으로 월드 바라보기

에이전트가 이벤트에 제대로 반응하려면 주변의 환경이나 플레이어, 다른 에이전트 등에 대한 정보를 가지고 있어야 한다. 실제 살아있는 생명체와 마찬가지로 우리의 에이전트도 시각과 청각 그리고 기타 물리적 자극 등에 의존해야 한다. 하지만 실제로 게임 내에서 우리는 플레이어의 위치, 인벤토리 정보, 아이템의 분포 정보 등 원하는 모든 정보에 접근할 수 있으므로 이 중 일부만 적절하게 에이전트에게 제공하면 된다.

다음 그림에서 에이전트의 시각은 전방을 향하는 콘 형태로 표시했고 청각은 주변을 둘러싼 회색 원으로 표현했다.

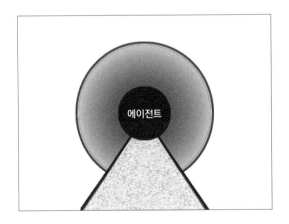

시각과 청각 그리고 나머지 감각은 가장 기본적인 수준의 데이터를 받아들인다. 사실 시각과 청각의 동작 원리를 제대로 이해하려면 입자와 진동이라는 매우 복잡한 물리적 지식이 필요하지만 이런 복잡한 내용을 구현할 필요는 전혀 없으며 비슷한 결과만 만들면 된다.

게임 내에서 인공지능을 구현할 때 시각이나 청각 또는 기타 다른 감각기관을 생물학적으로 그대로 재현해서 구현할 필요는 없으며, 논리적이고 기계적인 시스템으로 구성하면 된다. 마치 소나sonar 또는 레이더를 만드는 것과 유사하다.

길 찾기와 조향

우리는 때론 인공지능 캐릭터가 게임 월드에서 거친 지형이나 정교한 지형을 따라 스스로 이동하길 바랄 때가 있다. 예를 들면, 레이싱 게임에서 인공지능 상대는 길을 따라 주행해야 하며 RTS 게임에서의 유닛들은 이동 가능한 지역이면 지형을 헤치고 어디든 갈 수 있어야 한다.

인공지능을 갖춘 에이전트라면 목적지로 이동할 수 있는지 판단 가능해야 하며, 가장 효율적인 경로로 이동할 수 있어야 하고 중간에 장애물이 나타나면 경로를 수정할 수도 있어야 한다. 앞으로 배우겠지만 길 찾기와 조향 또한 유한 상태 기계로 구현한다. 실제 구현 사례는 뒤에서 다룰 예정이다.

이 책에서는 길 찾기와 탐색을 구현할 때 필요한 핵심 기법인 A*에이스타 길 찾기 시스템을 직접 구현해보고 이어서 유니티가 제공하는 내장 내비게이션 메시NavMesh 기능도 살펴볼 예정이다.

A* 길 찾기

많은 게임에서 몬스터나 적들이 플레이어를 따라다니거나 장애물을 피해가며 특정 지점으로 이동한다. 예를 들어 RTS(실시간 전략 시뮬레이션) 게임을 살펴보자. RTS 게임에서는 일정 그룹을 선택한 후 특정 위치를 클릭해서 이동시키거나 적을 클릭해서 공격하도록 할 수 있다. 그러면 해당 그룹에 속한 유닛은 장애물과 충돌하지 않고 목적지에 도달하는 경로를 탐색해야 한다. 적군도 마찬가지다. 장애물을 피하는 방법은 유닛에 따라 다를 수 있다. 예를 들면, 공중 비행 물체는 산을 넘어가야 하지만 지상 유닛이나 포병은 산을 둘러가야 한다. A*는 성능이 좋고 정확도가 높아 게임에서 널리 사용하는 경로 탐색 알고리즘이다. 예제를 통해서 동작 방식을 살펴보자. 유닛을 지점 A에서 지점 B로 이동시키려고 하는데 그 사이에는 벽이 있어서 직선으로는 이동할 수 없다고 할 때 벽을 피해서 A에서 B로 가는 경로를 찾아내야 한다. 다음 그림을 참고하자.

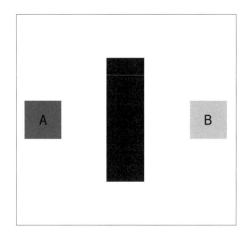

A에서 B로 가는 경로를 찾기 위해서는 장애물의 위치 등과 같은 정보에 대해 더 알아야 한다. 이를 위해서 전체 맵을 작은 타일로 나눠 격자 형태로 표현하자. 타일의 형태는 육각형이나 삼각형이 될 수도 있다. 전체 맵을 격자 형태로 구성하면 탐색 지역을 좀 더 단순화할 수 있어서 길 찾기에 큰 도움이 된다. 맵은 이제 다음 그림처럼 2차원 배열 형태가 된다.

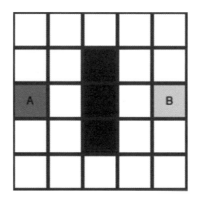

일단 맵을 타일 형태로 구성하면 시작 지점부터 장애물이 아닌 인접 타일로 이동해가면서 점수화를 하고 이 점수를 통해 최단 경로를 찾아낼 수 있다. 4장에서 구체적으로 격자를 탐색해가면서 점수를 매기는 과정을 살펴볼 계획이며 지금 설명한 내용은 A* 길 찾기의 개요라고 보면 된다.

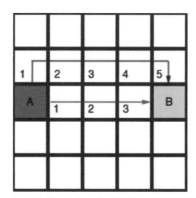

▲ A* 길 찾기는 타일을 이동해가며 점수를 계산한다

A*는 길 찾기에서 중요한 패턴이지만 유니티를 사용하면 바로 사용할 수 있는 자동 내비게이션 메시 생성과 NavMesh 에이전트를 사용할 수 있는데, 이는 다음 절에서 간단한 내용을 살펴보고 4장에서 좀 더 자세한 내용을 살펴볼 예정이다. 이 기능을 활용하면 공원을 걸어 다니며 길을 찾아가도록 할 수 있다. 프로젝

트의 성격에 따라 직접 A* 길 찾기를 구현하거나 간단히 유니티가 제공하는 내장 NavMesh 기능을 사용하면 된다. 각 선택은 장단점을 가지며 이 둘에 대해 모두 알고 있어야 적절한 선택을 할 수 있다. 먼저 NavMesh를 간단히 살펴보자.

내비게이션 메시 사용

A* 길 찾기를 간단히 살펴봤으니 이제 NavMesh를 사용한 길 찾기에 대해 간단히 알아보자. 한 가지 알아둬야 하는 사실은 A* 길 찾기를 사용해 장애물을 피해가는 최단 경로를 계산하는 데는 생각보다 많은 연산이 필요하다는 점이다. 이를 간단히 하고 쉽게 인공지능 캐릭터가 경로를 찾도록 하기 위해 사람들은 웨이포인트waypoint를 사용하는 방식을 생각해냈다. 다음 그림은 인공지능 캐릭터가 지점 A에서 지점 B로 이동하도록 하기 위해 3개의 웨이포인트를 설정한 모습이다.

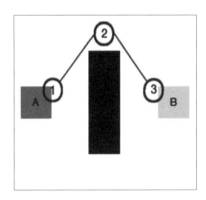

이렇게 하면 간단히 가장 가까운 웨이포인트만 찾아서 목적지를 향해 이동하면 된다. 상당수의 게임은 연산 효율성을 높이기 위해 간단한 처리에는 웨이포인트 방식을 적극 활용하고 있다. 하지만 이 방식을 사용하면 맵에 장애물이 추가될 때마다 다음 그림처럼 웨이포인트도 갱신해줘야 하는 불편함이 따른다.

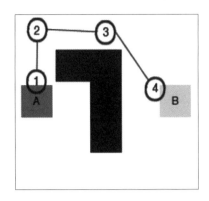

인공지능 캐릭터는 각 노드를 직선으로 연결하는 경로를 따라 차례로 이동하며 목적지에 도달할 수 있다. 이전 그림을 보면 경로가 벽과 너무 가까이 닿아 있어서 자칫하면 인공지능 캐릭터가 벽에 걸릴 수도 있어 보인다. 만일 인공지능 캐릭터가 벽에 걸리면 오도 가도 못하는 상황에 빠져서 멈춰버릴 수밖에 없다. 이를 완화하기 위해 경로를 곡선으로 구성한다고 해도 근본적인 문제가 해결되지는 않는다. 결국, 인공지능 캐릭터가 전체 지형을 아무런 문제 없이 이동하게 하려면 수많은 웨이포인트가 필요한데 이는 구현하기도 어렵고 관리하기도 어렵다는 문제가 있다.

이럴 때 가장 유용하게 사용할 수 있는 기능이 NavMesh다. NavMesh는 일종의 그래프 구조로 격자 타일 기반의 구조 또는 웨이포인트 그래프와 유사한 방식으로 월드를 표현하는 방법이다. 다음 그림을 참고하자.

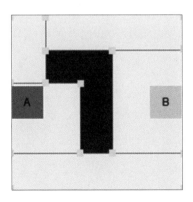

내비게이션 메시는 볼록한 폴리곤을 사용해서 인공지능 개체가 움직일 수 있는 맵 내의 영역을 표현한다. 내비게이션 메시를 사용하면 웨이포인트를 사용할 때보다 맵의 환경에 대해 훨씬 많은 정보를 얻을 수 있는 장점이 생긴다. 이제는 인공지능 개체가 움직일 수 있는 안전한 영역에 대한 정보를 가지고 있어서 안전하게 경로를 조정할 수 있다. 내비게이션 메시를 사용하면 서로 다른 종류의 인공지능 개체에 대해서 동일한 메시를 사용할 수 있다는 이점도 있다. 인공지능 개체끼리는 크기나 속도, 이동능력 등에 차이가 있을 수 있다. 인간에 맞춰진 웨이포인트는 날아서 이동하는 생명체나 인공지능으로 움직이는 차량에는 적합하지 않을 수 있으므로 종류에 따라 다수의 웨이포인트 세트가 필요한데 내비게이션 메시를 사용하면 이런 경우에 많은 시간을 절약할 수 있다.

하지만 씬에 기반해 프로그램적으로 내비게이션 메시를 생성하는 일은 다소 복잡하다. 이를 위해 유니티 3.5에서 프로 전용 기능으로 내장 내비게이션 메시 생성기를 제공했는데 유니티 5가 공개된 현재 이 기능은 무료로 배포되는 개인용 에디션에도 포함돼 있다. 4장에서 유니티가 제공하는 NavMesh 기능을 제대로 활용해보자. 그리고 유니티 5에 들어오면서 추가 및 개선된 사항도 살펴볼 예정이다.

군집 처리

많은 종류의 새나 물고기, 곤충, 육상 동물 같은 생명체는 이동이나 사냥, 수렵 등을 할 때 무리를 지어 행동한다. 머물거나 사냥을 할 때 단독으로 하기보다는 무리를 지어 할 때가 적으로부터의 위협에 더 안전하고 강해질 수 있기 때문이다. 새의 무리가 하늘에서 떼 지어 이동하는 상황을 생각해보자. 만일 모든 새에 대해 개별적으로 이동과 애니메이션 처리를 한다면 시간과 노력이 너무 많이 든다. 하지만 각 새가 따라야 하는 간단한 규칙을 정해둔다면 복잡하고 집단적인 행동을 하는 그룹의 행동을 구현할 수 있다.

유사하게 걸어 다니거나 탈것을 사용하는 사람의 무리도 개별 개체를 일일이 모델링하지 않고 집단 형태로 모델링할 수 있다. 집단에 속한 개별 개체는 단지 자신이 속한 집단이 어디로 이동하고 있는지 그리고 무리 내에서 가장 가까운 이웃 개체가 누구인지 정도만 알고 있으면 충분하다.

행동 트리

행동 트리는 인공지능 캐릭터를 실제로 표현하고 제어하는 또 다른 패턴이다. 이 기술은 〈헤일로Halo〉와 〈스포어Spore〉 같은 최고 인기 게임에 적용되면서 유명해졌다. 이전에 FSM에 대해 간단히 언급했는데, FSM은 각 상태를 정의하고 상태 간의 전이를 통해 인공지능 캐릭터를 제어하는 아주 간단하고 쉬운 기술이다. 하지만 FSM은 규모 확장에 불리하고 기존 로직을 재활용하기에 불리하다는 단점이 있다. FSM을 사용해서 규모를 확장하려면 필요한 수만큼의 상태를 추가하고, 각 상태를 모두 직접 연결해 상태 간의 트랜지션을 직접 처리해야만 한다. 이런 불편함을 감수할 수는 없으므로 좀 더 규모 확장에 쉬운 방법론을 사용해야 하는데 이럴 때 행동 트리를 사용하면 된다.

행동 트리는 노드의 집합으로 계층 구조의 형태로 구성되며 노드는 부모에 연결되는 형태다. 구성된 형태가 나무의 가지를 닮았기 때문에 행동 트리라고 부른다.

FSM에서 주요 요소가 스테이트였다면, 행동 트리의 기본 구성요소는 태스크 노드다. 태스크에는 시퀀스Sequence, 셀렉터Selector, 패래럴 데코레이터Parallel Decorator 등이 있다. 이는 제법 헷갈리는 부분인데, 예를 통해 살펴보면 이해하기 쉽다. 다음 그림처럼 전이와 상태를 태스크로 바꿔보자.

행동 트리에서 셀렉터 태스크를 살펴보자. 셀렉터 태스크는 물음표를 안에 표시한 원으로 표현한다. 일단 행동 트리는 플레이어 공격을 선택한다. 만일 공격 태스크가 성공을 반환하면 셀렉터 태스크는 완료되며 부모 노드가 있다면 부모 노드로 돌아간다. 만일 공격 태스크가 실패하면 추격 태스크를 시도한다. 만일 추격 태스크도 실패하면 정찰 태스크를 시도한다. 다음 그림은 이 3가지 개념의 기본 구조다.

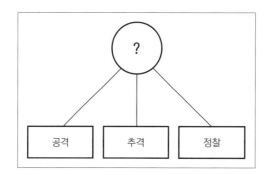

테스트는 행동 트리의 태스크 중 하나다. 다음 다이어그램에서 화살표가 그려진 직사각형은 시퀀스 태스크를 의미한다. 최상위 셀렉터는 첫 번째 시퀀스 액션을 선택한다. 이 시퀀스 액션의 첫 번째 태스크는 플레이어 캐릭터가 충분히 공격할 만한 거리에 있는가를 검사한다. 만일 태스크가 성공하면 다음 태스크를 진행한다. 여기에서 다음 태스크는 플레이어를 공격하는 행동이다. 만일 공격 태스크도 성공하면 전체 시퀀스는 성공을 반환하며 이 행동에 대한 셀렉터는 종료되고 다른 시퀀스 태스크로 이어지지 않는다. 또한 충분히 공격할 만한 거리에 있는가를 검사하는 태스크가 실패하면 다시 말해 플레이어가 공격 가능 범위에 있지 않다면 공격 태스크를 진행하지 않고 부모 셀렉터 태스크에 실패를 반환한다. 그러면 셀렉터는 시퀀스 내의 다음 태스크를 선택한다. 이번 예제에서는 자신이 죽었는지 혹은 플레이어를 죽였는지를 검사하는 게 다음 태스크다. 다음 그림을 참고하자.

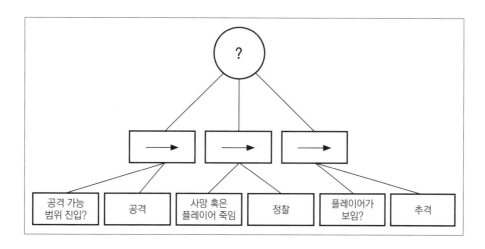

남은 두 개의 공용 컴포넌트는 패래럴Parallel과 데코레이터Decorator다. 패래럴 태스크는 모든 자식 태스크를 동시에 실행한다. 참고로 시퀀스와 셀렉터 태스크는 자식 태스크를 하나씩 실행한다. 데코레이터 태스크는 단 하나의 자식만 가질 수 있는 형태의 태스크로 자식 태스크의 실행 여부나 실행 횟수 등을 변경할 수 있다. 유니티에서 기본적인 행동 트리 시스템을 구현하는 방법은 6장에서 다룰 예정이다.

퍼지 로직

마지막으로 퍼지 로직에 대해 살펴보자. 간단히 말하면 퍼지 로직은 정확한 결과보다는 근사치의 결과를 내는 로직을 의미한다. 퍼지 로직과 추론 등의 기법은 좀 더 나은 인공지능을 구현하고자 할 때 주로 사용한다.

기본 개념을 살펴보기 위해 1인칭 슈팅 게임에서의 한 군인을 생각해보자. 유한 상태 기계를 사용하거나 행동 트리를 사용할 때 이 군인은 의사 결정을 내려야 한다. 상태를 변경한다거나 참과 거짓의 결과를 얻어야 할 때 퍼지 로직을 사용하지 않으면 이 군인의 행동은 단순 조건에 예외 없이 동작하는 매우 단조로운 형태를 가지게 된다. 하지만 퍼지 로직을 적용해 예를 들면 이 군인이 플레이어를 발견하더라도 자신의 무기 상태와 체력 정보 주위의 동료 정보 등을 모두 종합해 실제 공격 여부를 판단하도록 하면 훨씬 더 자연스럽고 진화된 형태의 인공지능 군인을 구현해낼 수 있다.

요약

게임에 적용하는 인공지능과 학문적으로 연구하는 인공지능은 그 목표가 다르다. 학문적인 인공지능이 자원의 제약을 고려하지 않은 상태에서 실세계의 문제를 해결하고 이론을 증명하는 데 주력한다면, 게임 인공지능은 제약된 자원을 고려한 상태에서 플레이어와 교감할 수 있는 NPC를 만드는 데 주력한다. 게임 인공지능의 목표는 게임을 좀 더 재미있게 만들어 줄 도전 상대를 제공하는 일이다.

1장에서는 실제 게임을 만들 때 주로 사용되는 FSM이나 센서와 입력 시스템, 군집 행동 처리, 길 찾기와 조향 행동, 인공지능 길 찾기, 내비게이션 메시, 행동 트리, 퍼지 로직 등에 대해 간략한 개념을 살펴봤다.

2장부터는 이런 개념들을 실제 게임에 적용하는 방법을 좀 더 구체적으로 살펴보자. 바로 이어지는 2장에서는 직접 FSM을 구현해 나가면서 에이전트와 상태의 개념에 대해 좀 더 살펴보고 게임에 적용하는 방법을 알아보자.

2
유한 상태 기계

2장에서는 유니티 3D 게임에서 FSM 사용 방법을 다룰 예정이다. 이 책과 함께 제공된 간단한 탱크 게임 예제의 코드와 컴포넌트를 하나씩 보면서 내용을 살펴보자. 다음은 2장에서 다룰 주제다.

- 유니티의 상태 기계 기능 이해
- 자신만의 상태와 전이 만들기
- 예제를 사용해서 간단한 씬 생성하기

유니티 5에서는 상태 기계 행동을 지원하는데, 이는 유니티 4.x 버전에서 제공하던 Mecanim 애니메이션 상태의 확장 기능이다. 하지만 이 새로운 상태 기계 행동은 애니메이션 시스템과는 독립적이다. 상태 기반의 인공지능 시스템 구현을 위해 새로운 기능을 살펴보자.

우리 게임에서 플레이어는 탱크를 조종할 수 있다. 적 탱크는 4개의 웨이포인트를 참조하면서 씬 위를 돌아다닌다. 그러다가 플레이어 탱크가 자신들의 시야에 들어오년 추격을 시작한다. 그리고 충분한 사거리 내로 진입하면 플레이어 탱크를 공격할 것이다. 내용은 간단하다. 적 탱크의 인공지능을 구현하기 위해 FSM을 사용해보자.

FSM 활용

지금은 주로 게임에서의 인공지능 구현을 위한 용도로 FSM을 활용하는 데 집중하겠지만 원래 FSM은 게임과 소프트웨어 설계와 프로그래밍에 널리 사용되는 중요한 기법이다. 사실 유니티 5가 제공하는 새로운 시스템은 Mecanim 애니메이션 시스템에서 먼저 사용됐다.

일상생활을 하면서 우리는 많은 것들을 상태에 따라 구분한다. 프로그래밍할 때 가장 효율적인 패턴은 실세계의 설계를 단순화해 흉내내는 것인데 이때 사용할 수 있는 기법이 바로 FSM이다. 주위를 둘러보면 수많은 것들이 다양한 상태 중 하나를 가지고 있음을 알 수 있다. 예를 들어 주위에 전등이 있다면 두 가지 상태 중 하나임을 알 수 있다. 켜진 상태거나 꺼진 상태다. 잠시 초등학교로 돌아가서 당시에 배웠던 물질의 다양한 상태에 대해 떠올려보자. 예를 들어서 물은 고체거나 액체, 기체 상태일 수 있다. 변수에 의해서 상태가 변경되는 프로그래밍에서의 FSM 패턴과 마찬가지로 물도 열에 의해서 상태가 변경된다.

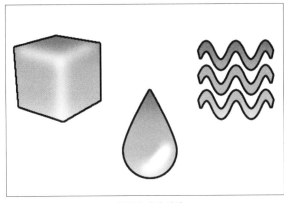

▲ 물의 3가지 상태

프로그래밍 디자인 패턴을 구현하는 데 엄격한 규칙이 있는 것은 아니지만, FSM은 기본적으로 특정 순간에 하나의 상태만 가지는 특성을 지니고 있다. 그렇다고는 하지만, 상태 전이는 두 상태 사이에서의 '핸드오프'를 허용한다. 마치 얼음이 서서히 녹으면서 물이 되는 것처럼 말이다. 게다가 에이전트는 다수의 FSM을 가질 수 있고 다양한 수의 행동을 처리할 수 있으며 상태는 자신 내부에 상태 기계를 가질 수도 있다. 크리스토퍼 놀란 감독의 ≪인셉션≫을 떠올리면 된다. 꿈 대신 상태 기계가 있는 것이다.

상태 기계 행동 생성

이제 상태 기계가 어떤 것인지는 알았으니 본격적으로 자신만의 상태 기계를 만들어보자.

유니티 5.0.0f4 버전에서도 여전히 상태 기계는 애니메이션 시스템의 일부다. 하지만 걱정할 필요는 없다. 구조는 유연하며 어떤 애니메이션도 실제로 요구하지 않는다. 혹시라도 코드에서 `Animator` 컴포넌트나 `AnimationController` 애셋을 발견하더라도 단지 현재 상태의 구현이므로 놀라거나 혼란스러워하지 말자. 물론 유니티 다음 버전에서 이 사실을 알리겠지만, 개념은 변하지 않을 것이다.

본격적으로 유니티를 실행한 후 새로운 프로젝트를 만들자.

AnimationController 애셋 생성

`AnimationController` 애셋은 유니티 내장 애셋 타입으로 상태와 전이를 제어한다. 기본적으로 FSM이지만 훨씬 더 많은 기능을 제공한다. 그중 우리는 FSM 기능에만 집중할 생각이다. 애니메이터 컨트롤러는 다음 그림처럼 Assets 메뉴에서 만들 수 있다.

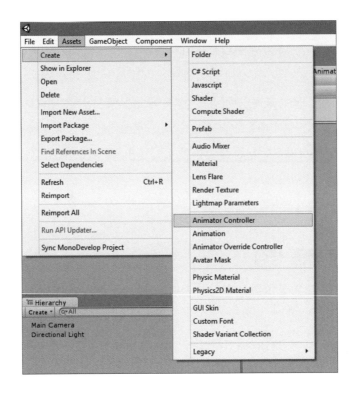

일단 애니메이터 컨트롤러를 생성하면 프로젝트 애셋 폴더에 나타나며 정할 수 있다. 여기에서는 이름을 TankFsm으로 하자. 애니메이터 컨트롤러를 선택하면 다른 애셋 타입과 달리 계층 구조가 비어 있는데, 이는 애니메이션 컨트롤러가 자신만의 윈도우를 사용하기 때문이다. 간단히 계층 구조에서 Open을 클릭하면 Animator 창을 열 수 있다. 또는 다음 그림처럼 Window 메뉴에서 열 수도 있다.

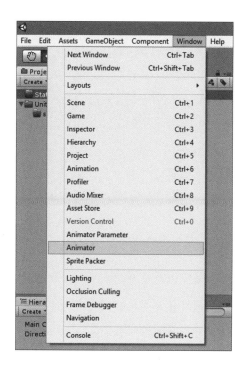

 Animation이 아닌 Animator를 선택했는지 확인하자. 이 둘은 완전히 다른 기능이다.

일단 우리는 이 창에 익숙해져야 한다.

레이어와 매개변수

Layer라는 이름이 암시하듯이, 이 기능을 사용하면 서로 다른 상태 기계를 쌓을 수 있다. 이 패널을 사용하면 레이어를 쉽게 정리할 수 있으며 시각적 표현을 얻을 수 있다. 이 패널은 주로 애니메이션과 관련이 있으므로 지금은 그냥 넘어가자. 레이어와 관련한 사항은 다음 스크린샷을 참고하자.

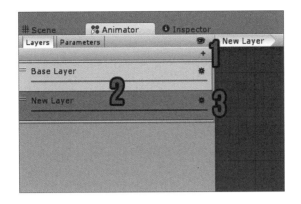

다음은 이전 스크린샷에 나온 아이템의 내용 정리다.

- **레이어 추가**: 이 버튼은 목록 아래에 새로운 레이어를 생성한다.
- **레이어 목록**: 현재 애니메이터 컨트롤러 내부에 있는 레이어 목록으로 클릭해 선택할 수 있고 드래그앤드랍으로 재정렬할 수 있다.
- **레이어 설정**: 레이어에서 애니메이션에 특화된 설정

두 번째로, Parameters 패널이 있다. 이 패널은 애니메이터 컨트롤러 중 우리가 사용할 기능과 좀 더 관련이 깊다. Parameters는 상태 변경 시점을 결정하는 변수로 스크립트를 통해 접근할 수 있다. 매개변수 타입은 4종류로 float, int, bool, trigger가 있다. 처음 3개는 C# 프리미티브 타입이므로 익숙하겠지만, trigger는 애니메이터 컨트롤러에 특화된 타입으로 물리 트리거와 혼동하지 말자. trigger는 명시적으로 상태를 전환하는 수단이다.

다음 스크린샷은 Parameters 패널에 나오는 요소다.

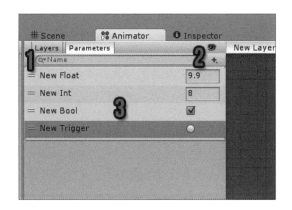

다음은 이전 스크린샷에 나온 아이템 요약이다.

- **찾기**: 매개변수를 통해 빠르게 검색 가능하다. 이름에 입력하면 검색 결과가 목록으로 나타난다.
- **매개변수 추가**: 새로운 매개변수를 추가하는 버튼으로 클릭하면 매개변수 타입을 선택해야 한다.
- **매개변수 목록**: 생성한 매개변수 목록으로 여기에서 값을 지정하고 확인할 수 있다. 원하는 순서대로 매개변수를 다시 정렬할 수도 있는데 단순한 정리이며 기능에는 전혀 영향을 주지 않는다.

마지막으로 눈 아이콘이 있는데, 클릭하면 Layers와 Parameters 패널을 숨길 수 있다. 패널이 닫힌 상태에서도 Layers 드롭다운에서 Create New Layer를 선택하면 새로운 레이어를 만들 수 있다.

애니메이션 컨트롤러 인스펙터

애니메이션 컨트롤러 인스펙터는 유니티의 일반적인 인스펙터와 약간 다른 모습이다. 일반적인 인스펙터에서는 게임 오브젝트에 컴포넌트를 추가할 수 있지만 애니메이션 컨트롤러 인스펙터는 **Add Behaviour** 버튼이 있어서 StateMachineBehaviour를 추가할 수 있다. 이 차이를 제외하면 선택한 게임 오브젝트와 컴포넌트에 대한 상태, 서브 상태, 전이, 블렌드 트리 등에 대한 정보를 보여주는 형태는 동일하다.

행동 적용

상태 기계 행동은 유니티 5에서 지원하는 독특하고 새로운 개념이다. 일반적인 개념으로 상태가 존재하면 Mecanim의 구현에서도 그렇듯, 상태 변경은 씬 뒤에서 알아서 진행되고 상태 진입과 전환 그리고 탈출과 관련한 제어를 하기가 어려웠다. 유니티 5에서는 행동이라는 개념을 내장 기능으로 제공하기 시작했고 이를 사용하면 일반적인 FSM 로직을 처리할 수 있다.

이름만 봐서는 마치 MonoBehaviour와 관련이 있어 보이지만 전혀 그렇지 않으므로 주의하자. 사실 행동은 MonoBehaviour가 아닌 ScriptableObject를 상속받았기 때문에 애셋으로만 존재하므로 씬에 위치하거나 컴포넌트 형태로 GameObject에 추가할 수 없다.

첫 상태 생성

사실 엄밀하게 말해서 유니티가 New State와 Any State, Entry, Exit 같은 몇 개의 기본 상태를 만들어 두기 때문에 첫 상태는 아니지만, 우리가 직접 생성하는 첫 상태를 만들어보자.

- 클릭하면 상태를 선택할 수 있고 드래그앤드롭으로 캔버스 내 어디로든 이동시킬 수 있다.
- 이름이 New State인 상태를 선택해서 오른쪽 클릭 후 Delete를 선택하거나 간단히 키보드의 Delete 키를 눌러 삭제하자.

- Any State를 선택하면 지우는 선택이 없으며 Entry 상태도 마찬가지다. 이들은 애니메이터 컨트롤러의 필수 상태로 고유한 용도를 가진다.

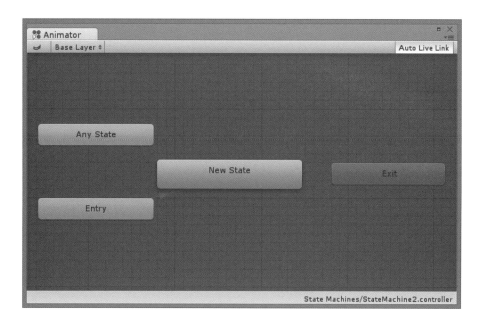

첫 상태를 만들기 위해 캔버스 아무 곳에서나 오른쪽 클릭을 하고 Create State를 선택하자. 몇 개의 선택이 나오는데 그 중 Empty를 선택하면 된다. 나머지 두 선택인 From Selected Clip과 From New Blend Tree는 지금 진행하는 프로젝트에 바로 적용할 수 없으므로 일단 넘어가자.

상태 간 전이

직접 상태를 만들면 Entry 상태에서 나오는 연결 화살표가 생성되며 노드는 오렌지색이다. 다른 일반적인 상태와 구분하기 위해 유니티는 자동으로 기본 상태를 오렌지색으로 보이게 했다. 하나의 상태만 가지면 자동으로 기본 상태가 되며 자동으로 엔트리 상태에 연결된다. 특정 상태를 오른쪽 클릭으로 선택한 후 Set as Layer Default State를 클릭하면 기본 상태로 변경할 수 있다. 기본 상태가 되면 오렌지색으로 바뀌며 자동으로 엔트리 상태와 연결된다. 연결 화살표는 상태 전이 연결자로, 이를 활용하면 상태 전이의 시짐과 형태를 일부 제어힐 수 있다. 하지만 상태 전이는 자동으로 발생하므로 엔트리 상태에서 기본 상태로 전이되는 건 변경할 수 없다.

상태 간의 전이는 수동으로 지정할 수 있다. 상태 노드에서 오른쪽 클릭을 하고 Make Transition을 선택하면 된다. 그러면 전이 화살표가 선택한 상태로부터 생성되어 마우스 커서로 이어진다. 전이하고자 하는 대상 노드를 간단히 클릭하면 연결이 이뤄진다. 혹시 실수로 잘못 연결해도 자동으로 되돌리기는 불가능하므로 직접 선택해 삭제한 후 다시 제대로 연결해야 한다. 아마도 나중에 유니티가 기능을 추가해주리라 기대한다.

플레이어 탱크 설정

이 책 1장에 포함된 예제 프로젝트를 열어보자.

관련이 있는 내용을 하나의 폴더에 담으면 정리가 쉽다. 예를 들면, 모든 상태 기계들을 StateMachines 폴더에 담아둘 수 있다. 1장에서 제공하는 애셋들은 이미 폴더에 정리되어 있으므로 새로 만드는 애셋과 스크립트를 적당한 폴더에 담기만 하면 된다.

탱크 생성

이제 애니메이터 컨트롤러를 애셋 폴더에 생성해보자. 이 컨트롤러는 적 탱크의 상태 기계 역할을 수행한다. 이름은 EnemyFsm으로 정하자.

이 상태 기계는 탱크의 기본 행동을 제어한다. 앞에서 설명한 것처럼 우리의 적은 플레이어에 대한 정찰과 추격, 사격을 할 수 있다. 이제 상태 기계를 설정해보자. EnemyFsm 애셋을 선택하고 Animator 창을 열자.

이제 3개의 빈 상태를 생성하자. 이들은 개념적으로 그리고 기능적으로 적 탱크의 상태를 나타낸다. 이름은 Patrol, Chase, Shoot로 정하자. 일단 이름을 정하고 나면 기본 상태가 제대로 지정됐는지 확인해야 한다. 상태를 생성하고 이름을 변경한 순서에 따라 기본 상태는 다를 수 있는데 Patrol 상태를 기본 상태로 지정하기 위해서는 해당 상태 위에서 오른쪽 클릭을 하고 Set as Layer Default State를 선택하면 된다. 기본 상태를 설정하면 색상은 오렌지로 변경되고 Entry 상태에 연결된다.

상태 전이 선택

이제는 상태의 흐름에 대한 설계와 로직을 결정해야 한다. 상태 전이를 구축할 때는 논리적이고 디자인 관점에서 명확한 형태로 만들어야 한다. 하지만 실제 제작 중인 게임에 들어가면 생각보다 다양한 요소가 상태 전이에 복잡하게 개입하는 게 일반적이다. 여기에서는 개념을 이해하는 게 중요하므로 단순하고 논리적인 상태를 가정한다.

- Patrol: 정찰 상태에서는 추격 상태로 전이가 가능하며, 조건 체인을 사용해 변경할 상태를 선택할 예정이다. 만일 적 탱크가 플레이어를 볼 수 있다면 상태를 변경하고 다음 단계로 진행한다. 보지 못한다면 정찰을 계속한다.
- Chase: 이 상태에서는 계속 추격이 가능한지를 검사하는 동시에 사격이 가능한 범위에 들어왔는지를 검사하거나 시야에서 놓쳤는지를 검사한다. 시야에서 놓치면 다시 정찰 상태로 돌아간다.
- Shoot: 이 상태에서도 마찬가지로 시야를 확인하며 시야에 들어오면 추격 상태로 변경하고 놓치면 정찰 상태로 변경한다.

예제로 구성한 상황은 간결한 규칙을 가진다. 앞서 설명한 대로 상태를 연결하면 다음과 같은 그림이 된다.

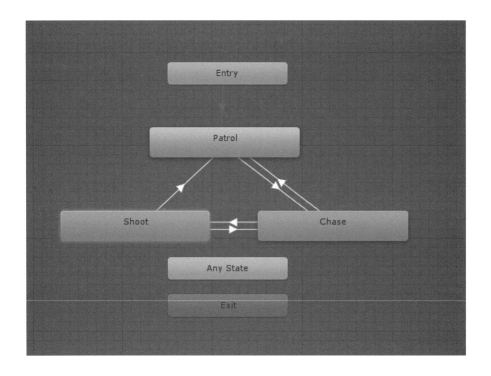

노드의 위치는 기능에 아무런 영향을 주지 않으므로 각자 마음에 드는 형태로 정리하면 된다. 시각적으로 이해하기 쉬운 모습이면 된다.

이제 상태를 정의했으니 여기에 몇 가지 행동을 지정해보자.

기능 연결

지금까지는 우리가 사용할 FSM에서 논리적인 상태 연결에 관한 내용을 살펴봤는데, 이제부터는 본격적으로 코드 작업을 진행해보자. 망설일 것 없이 바로 Patrol 상태를 선택하면 계층 구조에서 Add Behaviour 버튼을 볼 수 있다. 이 버튼을 클릭하면 일반적인 게임 오브젝트에서 Add Component 버튼을 눌렀을 때와 상당히 유사한 컨텍스트 메뉴가 뜨지만, 앞에서도 언급한 것처럼 이 버튼은 상태 기계 행위에 특화된 내용을 보여준다.

이 행위의 이름을 TankPatrolState로 정하면 동일한 이름의 스크립트가 프로젝트에 생성됨과 동시에 상태에 연결된다. 프로젝트 창을 통해서 스크립트를 열 수도 있고 인스펙터에서 이름을 더블클릭해서 열 수도 있다. 스크립트의 내용은 다음과 같다.

```
using UnityEngine;
using System.Collections;

public class TankPatrolState : StateMachineBehaviour {
    //OnStateEnter는 상태 전이가 시작될 때 호출되고
    //상태 기계는 이 상태 평가를 시작한다.
    //override public void OnStateEnter(Animator animator,
    //  AnimatorStateInfo stateInfo, int layerIndex) {
    //
    //}

    //OnStateUpdate는 OnStateEnter와 OnStateExit 콜백 사이
    //Update 프레임마다 호출된다.
    //override public void OnStateUpdate(Animator animator,
    //  AnimatorStateInfo stateInfo, int layerIndex) {
    //
    //}

    //OnStateExit는 상태 전이가 끝날 때 호출되며 이 상태 평가를 종료한다.
    //override public void OnStateExit(Animator animator,
    //  AnimatorStateInfo stateInfo, int layerIndex) {
    //
    //}

    //OnStateMove는 Animator.OnAnimatorMove() 코드 직후 호출된다.
    //루트 모션 처리는 이곳에 구현해야 한다.
    //override public void OnStateMove(Animator animator,
    //  AnimatorStateInfo stateInfo, int layerIndex) {
    //
    //}

    //OnStateIK는 Animator.OnAnimatorIK() 직후 호출된다.
    //애니메이션 IK(inverse kinematics)는 이곳에 구현해야 한다.
    //override public void OnStateIK(Animator animator,
```

```
//   AnimatorStateInfo stateInfo, int layerIndex) {
//
//}
}
```

 예제 코드 다운로드

http://www.PacktPub.com에서 구매한 모든 팩트 책의 예제 코드 파일을 다운로드할 수 있다. 책을 다른 곳에서 구매했다면 http://www.PacktPub.com/support를 방문해서 직접 보내진 이메일에 있는 파일을 가지고 등록하면 된다. 에이콘출판사 도서정보 페이지 (http://www.acornpub.co.kr/book/unity-ai-2e)에서도 다운로드할 수 있다.

시작하기 전 각 메소드의 주석을 해제하고 하나씩 쪼개서 살펴보자. 이 파일은 유니티가 생성했지만 모든 메소드는 주석 처리가 된 상태다. 기본적으로 주석 처리된 코드는 동작하지 않는다. MonoBehaviour가 제공하는 메소드와 매우 유사하게도 이들 메소드도 기반 로직에 의해 호출되며 동작 원리를 자세히 알 필요는 없다. 단지 활용하기 위해 언제 호출되는지만 알면 된다. 다행히도 주석 처리된 코드는 각 메소드가 언제 호출되는지에 대한 간단한 설명을 제공하며 이름만 봐도 기능을 유추하기 쉽다. 신경 쓸 필요가 없는 메소드가 2개 있는데 하나는 OnStateIK고 나머지는 OnStateMove로, 이들은 애니메이션 메시지다. 지금은 필요 없는 메소드이므로 삭제하고 파일을 저장하자.

코드의 주석을 정리하면 다음과 같다.

- OnStateEnter는 전이가 시작되어 상태에 진입할 때 호출된다.
- OnStateUpdate는 MonoBehaviors 업데이트 후 매 프레임 호출된다.
- OnStateExit는 전이가 끝난 후 상태에서 벗어났을 때 호출된다.

다음 2개의 상태는 애니메이션에 특화된 것으로 우리는 사용하지 않는다.

- OnStateIK는 IK 시스템이 업데이트되기 전에 호출된다. 이는 애니메이션과 리깅에 특화된 개념이다.

- OnStateMove는 최상위 모션을 사용하기 위해 설정하는 아바타에서 사용한다.

알아둬야 하는 중요한 또 하나의 정보는 이런 메소드에 전달되는 매개변수들이다.

- 애니메이터 매개변수는 이 애니메이터 컨트롤러를 담고 있는 애니메이터에 대한 참조다. 즉 상태 기계가 된다. 이를 확장해 애니메이터 컨트롤러를 가지고 있는 게임 오브젝트를 참조할 수도 있는데 이때는 게임 오브젝트가 가지고 있는 다른 컴포넌트에도 접근할 수 있다. 상태 기계 행동은 애셋으로만 존재할 수 있다는 사실을 기억하자. 이는 모노 행동과 같은 런타임 클래스에 접근하는 최선의 방법이라는 의미다.

- 애니메이터 상태 정보는 현재 상태에 대한 정보를 제공하지만, 사실 주된 용도는 애니메이션 상태 정보 그 자체에 있으므로 지금 사용하기엔 적합하지 않다.

- 마지막으로 레이어 인덱스가 있다. 이는 상태 기계의 어떤 레이어에 우리의 상태가 존재하는지 알려주는 정수로 기본 레이어의 인덱스는 0이다. 그리고 이보다 위에 있는 각 레이어는 이보다 큰 수를 가진다.

이제 상태 기계 행동에 대한 기본 개념을 익혔으므로 나머지 컴포넌트도 차례로 살펴보자. 일단 그 전에 다시 상태 기계로 돌아가서 상태 제어를 위한 몇 개의 매개변수를 추가해두자.

조건 설정

적 탱크의 상태 전이를 위해 몇 개의 조건을 제공해야 한다. 다음은 기능 구현을 위해 실제로 추가할 매개변수다.

일단 Patrol 상태부터 살펴보자. 적 탱크가 Patrol 상태에서 Shoot 상태로 변경되려면 플레이어가 일정 범위에 들어왔는지 알아내야 한다. 이를 위해서는 적 탱크와 플레이어 사이의 거리를 표현할 float 타입이 필요하다. Parameters 패널에서 float를 하나 추가하고 이름을 distanceFromPlayer로 정하자. 이 매개변수는 Chase 상태로 변경할지 판단할 때도 사용할 수 있다. Shoot 상태와 Chase 상태는 플레이어가 시야에 들어왔는지에 대한 조건을 공통적으로 사용한다. 이를 위해 간단한 레이캐스트raycast 방식을 사용해 직선 방향에 플레이어가 보이는지 판단한다. 이를 위해서는 Boolean 타입의 매개변수가 가장 적당하다. 따라서 Boolean 타입을 하나 생성하고 이름은 isPlayerVisible로 정하자. 매개변수는 체크 해제 상태로 두자. 이는 false를 의미한다.

이제 상태 전이 연결자의 인스펙터를 통해 조건을 지정해보자. 이를 위해 일단 연결자를 선택하면 인스펙터에는 현재의 상태 전이와 관련된 정보를 보여준다. 그중 가장 중요한 정보는 목록 형태로 나타나는 조건들이다. 조건 추가를 위해 +(더하기) 표시를 클릭하자.

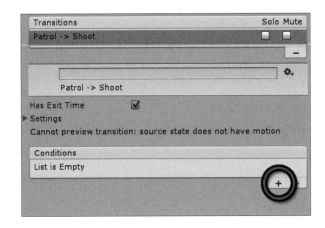

각 상태 전이를 하나씩 살펴보자.

- Patrol에서 Chase로

  ○ distanceFromPlayer < 5

  ○ isPlayerVisible == true

▲ 정찰에서 추격 상태로 전이하는 조건

추격에서 정찰로 상태가 변경될 때 관여하는 조건은 2가지다. 단순하게 두 조건을 추가하면 두 조건이 모두 만족해야 상태가 변경되지만, 우리가 원하는 동작은 플레이어가 범위에서 벗어났거나 시야에서 사라졌을 때 모두 상태를 변경하는 것이다. 다행히도 동일한 두 상태 사이에 다수의 상태 전이를 가질 수 있다. 단순히 또 하나의 상태 전이 연결선을 추가하면 된다. Chase 상태에서 오른쪽 클릭을 한 후 Patrol 상태로 상태 전이를 만들면 된다. 인스펙터를 확인하면 상단에 2개의 상태 전이가 나타나는 모습을 확인할 수 있다. 추가로, 상태 전이 연결 지시자는 두 상대 간에 다수의 상대 전이가 있음을 표시하기 위해 다수의 화살표를 보여준다. 인스펙터에서 각 상태 전이를 선택하면 개별 조건을 확인할 수 있다.

- Chase에서 Patrol (A)로:
    - distanceFromPlayer > 5
- Chase에서 Patrol (B)로:
    - isPlayerVisible == false
- Chase에서 Shoot로:
    - distanceFromPlayer < 3
    - isPlayerVisible == true
- Shoot에서 Chase로:
    - distanceFromPlayer > 3
    - distanceFromPlayer < 5
    - isPlayerVisible == true
- Shoot에서 Patrol (A)로:
    - distanceFromPlayer > 6
- Shoot에서 Patrol (B)로:
    - isPlayerVisible == false

이제 상태와 상태 전이의 실정을 마쳤다. 다음으로, 이 값들을 제어할 스크립트를 생성할 차례다. 해야 할 일은 값을 설정하는 게 전부이며 나머지는 상태 기계가 알아서 처리한다.

코드로 매개변수 제어

더 진행하기 전에 2장 앞부분에서 임포트한 애셋에서 몇 가지가 필요하다. 일단 2장의 DemoScene 폴더를 열자. 씬은 매우 간결하며 환경 프리팹과 웨이포인트 트랜스폼 몇 개만 포함한 모습을 확인할 수 있다. 이 씬에 EnemyTankPlaceholder 프리팹을 추가하자.

EnemyTank에 포함된 컴포넌트 중에는 익숙한 것도 있고 그렇지 않은 것도 있다. NavMesh와 NavMeshAgent에 대해서는 4장에서 제대로 살펴볼 예정이며 지금은 단지 전체적인 동작을 위해 필요하다는 사실 정도만 이해하고 넘어가자. 지금 집중해야 하는 대상은 Animator 컴포넌트로 이는 앞서 우리가 생성한 상태 기계(애니메이터 컨트롤러)를 포함하고 있다. 일단 빈 슬롯에 상태 기계를 추가해두자.

다음으로는 플레이어를 위한 플레이스홀더가 필요하므로 PlayerTankPlaceholder 프리팹도 추가하자. 적 탱크 플레이스홀더와 마찬가지로 플레이어 탱크 플레이스홀더 프리팹도 몇 개의 컴포넌트를 가지고 있지만 지금은 신경 쓰지 않아도 된다.

다음으로, EnemyTankPlaceholder 게임 오브젝트인 TankAi.cs 스크립트에 새로운 컴포넌트를 하나 추가하자. 파일은 2장 폴더에서 찾을 수 있다. 다음은 스크립트의 내용이다.

```
using UnityEngine;
using System.Collections;

public class TankAi : MonoBehaviour {
  //범용 상태 기계 변수
  private GameObject player;
  private Animator animator;
  private Ray ray;
```

```
private RaycastHit hit;
private float maxDistanceToCheck = 6.0f;
private float currentDistance;
private Vector3 checkDirection;

//Patrol 상태 변수
public Transform pointA;
public Transform pointB;
public NavMeshAgent navMeshAgent;

private int currentTarget;
private float distanceFromTarget;
private Transform[] waypoints = null;

private void Awake() {
  player = GameObject.FindWithTag("Player");
  animator = gameObject.GetComponent<Animator>();
  pointA = GameObject.Find("p1").transform;
  pointB = GameObject.Find("p2").transform;
  navMeshAgent = gameObject.GetComponent<NavMeshAgent>();
  waypoints = new Transform[2] {
    pointA,
    pointB
  };
  currentTarget = 0;
  navMeshAgent.SetDestination(waypoints[currentTarget].position);
}

private void FixedUpdate() {
  //일단 플레이어와의 거리를 검사한다.
  currentDistance = Vector3.Distance(player.transform.position,
    transform.position);
  animator.SetFloat("distanceFromPlayer", currentDistance);

//그런 다음 시야에 들어왔는지 확인한다.
checkDirection = player.transform.position - transform.position;
ray = new Ray(transform.position, checkDirection);
if (Physics.Raycast(ray, out hit, maxDistanceToCheck)) {
  if(hit.collider.gameObject == player){
    animator.SetBool("isPlayerVisible", true);
```

```
    } else {
      animator.SetBool("isPlayerVisible", false);
    }
  } else {
    animator.SetBool("isPlayerVisible", false);
  }

  //마지막으로 다음 웨이포인트 대상까지의 거리를 구한다.
  distanceFromTarget =
    Vector3.Distance(waypoints[currentTarget].position,
      transform.position);
  animator.SetFloat("distanceFromWaypoint", distanceFromTarget);
}

public void SetNextPoint() {
  switch (currentTarget) {
    case 0:
      currentTarget = 1;
      break;
    case 1:
      currentTarget = 0;
      break;
  }
  navMeshAgent.SetDestination(waypoints[currentTarget].position);
 }
}
```

스크립트를 실행하는 데 필요한 몇 개의 변수가 있는데 차례로 살펴보자.

- GameObject player: 플레이어 플레이스홀더 프리팹에 대한 참조다.

- Animator animator: 적 탱크에 대한 애니메이터로 우리가 생성한 상태 기계를 포함한다.

- Ray ray: FixedUpdate 반복문에서 레이캐스트에 사용한 레이를 선언한다.

- RaycastHit hit: 레이캐스트 테스트의 결과를 선언한다.

- Float maxDistanceToCheck: 이 값은 상태 기계 내의 트랜지션에서 설정한 값과 함께 사용되며, 이 값을 사용해서 플레이어가 범위를 벗어났는지 판단한다.

- Float currentDistance: 플레이어와 적 탱크 사이의 현재 거리다.

몇 가지 변수는 언급하지 않고 넘어갔는데 당장은 크게 신경 쓰지 않아도 된다. 나중에 정찰 상태 등을 다루면서 필요하면 다시 언급할 예정이다.

Awake 메소드는 플레이어와 애니메이터 변수를 가져오는 처리를 수행한다. 이 변수들을 직접 선언할 수도 있고 [SerializeField] 속성의 접두부호 표현을 사용한 후 인스펙터에서 설정해도 된다.

FixedUpdate 메소드는 상당히 직관적이다. 처음 부분은 플레이어와 적 탱크 사이의 거리를 구한다. 특히 신경 써야 할 코드는 animator. SetFloat("distanceFromPlayer", currentDistance) 부분으로, 스크립트에서 얻은 정보는 앞서 정의한 상태 기계의 매개변수로 전달된다. 나머지 코드도 마찬가지로 레이캐스트 결과를 Boolean 값으로 전달한다. 마지막으로 distanceFromTarget 변수를 설정해 다음 절의 정찰 상태에서 활용하도록 한다.

보다시피 코드 중 어떤 부분도 직접적으로 상태 기계의 상태 전이에 관여하지 않는다. 단지 상태 기계에서 필요로 하는 정보를 전달할 뿐이며 나머지 처리는 상태 기계가 전담한다. 정말 멋진 구조다.

적 탱크 이동

눈치챘겠지만, 아직 우리의 탱크는 이동할 수 없는데 서브 상태 기계를 사용하면 쉽게 처리할 수 있다. 서브 상태 기계는 상태 내에 존재하는 상태 기계를 말한다. 좀 이상하게 들릴 수도 있지만 잘 생각해보면 정찰 상태는 2개의 서브 상태로 나눌 수 있다. 하나는 현재 웨이포인트로 이동하는 상태며 나머지는 다음 웨이포인트를 찾는 상태다. 웨이포인트는 기본적으로 우리의 에이전트가 이동해야 하는 목적지다. 서브 상태를 추가하기 위해 다시 상태 기계로 돌아가자.

일단, 캔버스 내의 빈 곳을 클릭하고 Create Sub-State Machine을 선택하면 서브 상태를 만들 수 있다. 이미 Patrol 상태를 가지고 있으므로 모든 연결은 이 상태가 가지고 있는데, 이 Patrol 상태를 새로 만든 서브 상태로 끌어다 놓으면 하나로 합칠 수 있다. Patrol 상태를 서브 상태로 끌어서 위에 올리면 커서에 더하기 표시가 나타나는데, 이는 하나의 상태를 다른 상태에 추가한다는 표시다. Patrol 상태를 새로운 서브 상태에 가져다 놓으면 하나도 합쳐진다. 서브 상태는 육각 형태의 독특한 모양을 가진다. 마지막으로 서브 상태의 이름을 Patrol로 변경하자.

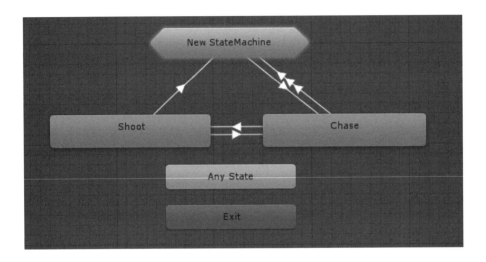

서브 상태에 진입하기 위해서는 간단히 더블클릭만 하면 된다. 서브 상태 안으로 진입한다고 생각하면 된다. 창의 모습은 상당히 비슷하지만 몇 가지 주목할 점이 있다. Patrol 상태는 (Up) Base Layer라고 부르는 노드에 연결돼 있는데 이는 기본적으로 이 레벨에서 상위 레벨로의 연결이다. Entry 상태는 Patrol 상태에 직접 연결돼 있다.

불행하게도, 이것은 우리가 원하던 기능이 아니다. 지금은 닫힌 루프로 상태 안으로 들어갈 수도 없고 상태에서 개별 웨이포인트 상태로 나갈 수도 없으니 수정이 필요하다. 일단, 서브 상태의 이름을 PatrolEntry로 변경하자. 다음으로, 일부 상태 전이를 지정해야 한다. 이 Entry 상태에 진입했을 때 계속 현재 웨이포인트로 이동할지 아니면 새로운 웨이포인트를 찾을지 결정해야 한다. 모든 결과는 상태로 표현되므로 2개의 상태를 더 만들자. 하나는 MovingToTarget이고 나머지는 FindingNewTarget이다. 그런 다음 PatrolEntry 상태에서 각각 새로운 상태로 연결하자. 마찬가지로 새로 만든 두 상태 간의 상태 전이도 생성하자. 이는 MovingToTarget에서 FindingNewTarget으로 또는 그 반대로의 상태 변경을 의미한다. 그리고 추가로 float 매개변수에 distanceFromWaypoint를 만들고 다음과 같이 조건을 설정하자.

- PatrolEntry에서 MovingToTarget으로:
  - distanceFromWaypoint > 1
- PatrolEntry에서 FindingNewTarget으로:
  - distanceFromWaypoint < 1
- MovingToTarget에서 FindingNewTarget으로:
  - distanceFromWaypoint < 1

왜 새로운 대상을 찾는 상태에서 MovingToTarget 상태로 전이하는 규칙은 지정하지 않았는지 궁금할 수도 있다. 이는 상태 기계 행동을 통해 일부 코드를 실행할 예정이고 이후 자동으로 어떤 조건도 요구하지 않고 MovingToTarget으로 넘어갈 것이기 때문이다. 일단 FindingNewTarget 상태를 선택하고 SelectWaypointState 라는 행동을 추가하자.

새로운 스크립트를 열고 OnStateEnter를 제외한 모든 메소드를 삭제하자. 그리고 다음 기능을 추가하자.

```
TankAi tankAi = animator.gameObject.GetComponent<TankAi>();
tankAi.SetNextPoint();
```

여기에서 할 일은 TankAI 스크립트에 대한 참조를 얻고 SetNextPoint() 메소드를 호출하는 것이다. 생각보다 꽤 간단하다.

마지막으로 외부로의 연결을 다시 설정해야 한다. 우리가 새로 만든 상태는 이 레벨 밖으로의 상태 전이가 없으므로 PatrolEntry 상태에서 (Up) Base Layer 상태로의 연결과 완전히 동일한 조건을 사용해 하나 추가해야 한다. 이때 Any State는 개별적인 상태 전이 연결에 관계없이 모든 상태에서 다른 상태로 전이를 허용하므로 편리하게 사용된다. 따라서 각 상태에서 (Up) Base Layer 상태로의 상태 전이를 추가하지 않아도 된다. 단지 한 차례 Any State에 추가해두면 설정은 끝난다. Any State에서 PatrolEntry 상태로 상태 전이를 추가하고 Entry 상태가 (Up) Base Layer 상태에 대해 가지고 있는 조건을 동일하게 사용하면 된다. 이는 Any State에서 (Up) Base Layer 상태로 직접 연결할 수 없을 때 사용할 수 있는 제2의 해결책이다.

작업을 마친 후 서브 상태 기계의 모습은 다음과 같다.

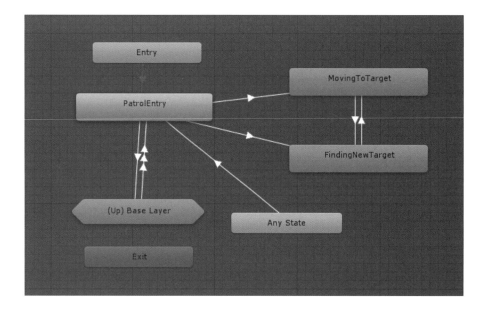

테스팅

이제 남은 일은 플레이를 시작하고 우리의 적 탱크가 지정된 두 웨이포인트 사이를 이리저리 정찰하는 모습을 보는 것이다. 플레이어를 에디터상의 적 탱크 경로에 배치하면 애니메이터에서 Patrol 상태에서 Chase 상태로 바뀌는 모습을 볼 수 있다. 그리고 플레이어를 범위 밖으로 빼면 다시 Patrol 상태로 돌아간다. 아직 Chase와 Shoot 상태는 제대로 구현하기 전이며 이는 3장과 4장에서 제대로 다룰 예정이다.

요약

2장에서는 간단한 탱크 게임을 통해 유니티 5에서 제공하는 애니메이터 컨트롤러 기반의 상태 기계를 사용한 구현을 살펴봤다. 상태 기계 행동과 상태 전이에 관한 내용을 알아보고 간단한 상태 기계를 에이전트에 적용해 첫 번째 인공지능 개체를 만들어봤다.

3장에서도 계속 탱크 게임을 만들어가면서 주변을 둘러싼 세상에 대한 정보를 감각을 이용해 인지하고 이를 응용하는 방법에 대해 살펴볼 예정이다.

3
센서 구현

3장에서는 살아있는 생명체와 유사한 감각 시스템 개념을 사용해 인공지능 행동을 구현해볼 예정이다. 앞에서도 언급한 것처럼 캐릭터 인공지능 시스템이 제대로 동작하기 위해서는 주변 환경에 대한 정보가 있어야 한다. 어디에 장애물이 있는지, 적은 어디에 있는지 적이 플레이어 시야에 들어왔는지 등과 같은 정보가 필요하다. NPC의 인공지능 수준은 전적으로 환경으로부터 얻는 정보의 종류와 양에 의해 결정된다. 이런 정보를 토대로 인공지능 캐릭터는 실행할 로직을 결정한다. 만일 정보가 충분치 않으면 인공지능 캐릭터는 이상한 행동을 하게 된다. 엉뚱한 지역에 숨는다거나 가만히 있거나 이상한 행동을 반복하면서 어떤 행동을 해야할지 결정하지 못하는 상태가 된다. 유튜브YouTube에서 'AI glitches'로 검색해보면 인공지능 캐릭터의 우스꽝스러운 행동을 찾아볼 수 있다. 심지어 꽤 유명한 게임에서도 이런 현상은 나타난다.

모든 환경 매개변수를 검사하고 그에 대응하도록 만들 수도 있지만 좀 더 효율적인 디자인 패턴을 사용하면 코드의 유지보수와 확장이 쉬워진다. 3장에서는 센서 시스템을 만들 때 유용하게 사용할 수 있는 디자인 패턴을 소개할 예정이다. 다음은 3장에서 다룰 내용이다.

- 센서 시스템의 의미
- 다양한 센서 시스템 소개
- 센서를 사용해 탱크 예제 설정하기

기본 센서 시스템

인공지능 센서 시스템은 시각이나 청각 후각 등을 흉내내는 형태로 사물을 인지한다. 게임 인공지능 센서 시스템에서 에이전트는 자신이 관심을 두는 감각에 대해 주기적인 환경 검사를 수행한다.

기본 센서 시스템 개념에는 2개의 컴포넌트가 존재한다. 하나는 Aspect고 나머지는 Sense다. 우리의 인공지능 캐릭터는 지각이나 후각, 촉각 같은 감각을 가질 예정이며 이런 감각은 적이나 악당을 찾아내는 데 사용된다. 예를 들면 지각을 사용해서 적이라는 특성을 갖는 다른 게임 오브젝트를 찾아내는 경비병 인공지능을 만들 수도 있고 냄새를 통해서 지능을 가진 대상을 찾아내는 좀비를 만들 수도 있다.

우리 데모에서 이는 기본적으로 구현하려는 베이스 인터페이스 Sense로 다른 커스텀 센스가 상속받아서 구현하게 된다. 3장에서는 시각과 촉각을 구현해볼 생각이다. 만일 인공지능 캐릭터가 적을 발견하면 알림을 받아 어떤 행동을 처리하면 된다. 마찬가지로 촉각은 적이 근처에 다가왔음을 알아챌 때 사용하는 감각이다. 이제 최소한의 형태를 가지는 Aspect 클래스를 만들어보자.

콘 형태의 시야

2장에서 다룬 예제에서는 적이 직선 시야에 있는 플레이어 탱크를 감지하도록 설정했다. 이때는 레이캐스트 방식을 사용했는데, 유니티가 제공하는 레이캐스트 기능을 사용하면 한 지점에서 주어진 방향으로 라인을 연결했을 때 그 선에 어떤 오브젝트가 걸리는지를 검사한다. 이는 매우 간단하고 효율적인 모델이기는 하지만 시야를 처리하는 데 그리 정확한 모델은 아니다. 이 방식을 보완하기 위해 콘_{corn} 모양의 시야를 사용하는데, 다음 그림처럼 시야 영역이 콘 형태다. 이 방식은 2D 또는 3D에서 모두 사용할 수 있다.

이전 그림은 콘 형태의 시야 개념을 잘 보여준다. 이 경우에는 에이전트의 눈으로 부터 콘이 시작되어 커지며 거리가 멀어질수록 정확도는 낮아진다. 거리에 따라 정확도가 낮아지는 모습은 색상의 농도로 표시했다.

실제 콘의 구현은 간단한 겹침 검사로부터 실제 시야를 흉내내는 좀 더 복잡하고 현실적인 모델까지 다양하다. 간단한 모델에서는 거리나 주변을 고려하지 않고 단지 겹치는지만 확인하면 된다. 복잡한 구현은 시각을 좀 더 제대로 흉내낸다. 콘이 원점으로부터 멀어짐에 따라 볼 수 있는 영역도 늘어난다. 하지만 콘의 가장자리로 갈수록 중앙부에 비해 볼 수 있는 가능성은 줄어든다.

구를 사용해서 듣기, 느끼기, 냄새 맡기

구를 활용하면 매우 간단하면서도 효과적으로 소리와 촉각, 냄새를 모델링할 수 있다. 소리를 예로 들면 중앙 부분을 소리의 근원지로 생각할 수 있고 청자가 중심으로부터 멀어질수록 소리의 크기는 줄어든다. 반대로 청자를 구 형태로 모델링하기나 소리와 청자 모두를 구 형태로 모델링할 수도 있다. 청자가 듣는 범위는 구 형태로 표현되며 가장 가까이 있는 청자가 가장 잘 들을 수 있다. 구의 크기와 위치는 에이전트에 따라 상대적으로 결정할 수 있다. 촉각이나 냄새도 동일하게 구를 통해 표현할 수 있다.

다음 그림은 구의 형태를 시각화한 것으로 에이전트가 어떻게 설정되는지 보여준다.

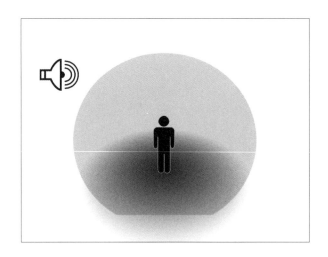

시야를 어떻게 설정하냐에 따라서 거리에 따른 인지 확률이 달라진다. 물론 단순하게 겹치는지만 검사하는 형태를 취한다면 거리에 무관하게 모두 인지된다.

전지적 능력을 활용한 인공지능 확장

솔직히 말하면, 전지적인 능력을 잘 활용하면 인공지능을 크게 향상시킬 수 있다. 이는 에이전트가 모든 걸 알아야 한다는 건 아니며 필요에 따라 모든 걸 알아낼 수 있다는 걸 의미한다. 사실 이는 현실적이진 않아 보이지만 때론 최고의 해법이 된다. 주변 환경이나 다른 개체에 대한 정보에 접근할 수 있다는 건 강력한 무기가 추가된다는 의미가 될 수 있다.

게임에서는 추상적인 개념을 구체적인 값으로 모델링하는 경향이 있다. 예를 들면, 플레이어의 체력을 0부터 100 사이의 숫자로 표현할 수 있다. 이런 정보에 직접 접근할 수 있는 것이 현실적으로 보이진 않지만 좀 더 실용적인 의사결정을 내리는 데는 도움이 된다. 이런 부분에 대해서는 에이전트가 게임 내 설정상 전지적인 능력을 갖추고 있다고 이해해도 큰 무리는 없다.

센싱으로 창의력 개선

지금까지 설명한 형태는 가장 기초적으로 에이전트가 환경을 보거나 듣고 인지하는 방법이다. 하지만 이는 센서를 구현하는 유일한 방법은 결코 아니다. 만일 개발 중인 게임에서 다른 형태의 센싱을 사용하고 있다면 이런 패턴과 얼마든지 함께 사용해도 된다. 시야 범위를 표현할 때 원통이나 구 형태를 사용하고 싶다면 그래도 된다. 후각을 구현할 때 박스 형태를 사용하고 싶다면 그래도 좋다.

씬 설정

지금까지 다룬 내용을 구현하려면 약간의 설정 과정이 필요하다. 씬에는 환경 오브젝트와 에이전트 그리고 코드에서 필요로 하면 몇 가지 아이템을 준비해야 한다.

1. 인공지능 캐릭터와 적 사이의 직선 시야를 방해하기 위해 몇 개의 벽을 만들자. 벽은 얇고 넓은 큐브로 Obstacles라는 빈 게임 오브젝트 하위에 묶여 있다.
2. 바닥으로 사용할 평면을 추가한다.
3. 그런 다음, 씬에서 벌어지는 일을 보기 위해 방향성 광원directional light을 추가한다.

이와 관련해 기본적으로 간단한 탱크 모델을 플레이어로 사용하고 간단한 큐브를 인공지능 캐릭터로 사용할 예정이다. 또한 씬 내에서 탱크가 이동할 지점을 보여주기 위해 Target이라는 오브젝트로 필요하다. 씬의 계층 구조는 다음 스크린샷과 비슷한 형태가 된다.

▲ 계층 구조

이제 탱크와 인공지능 캐릭터 그리고 벽을 씬 내에 임의로 배치하자. 바닥 평면의 크기도 적당히 보기 좋게 늘리자. 다행히도 이 데모에서 우리의 오브젝트들은 떠 있으므로 바닥 평면 아래로 떨어질 걱정은 하지 않아도 된다. 카메라의 위치도 적당히 조절해서 씬이 잘 보이도록 만들자.

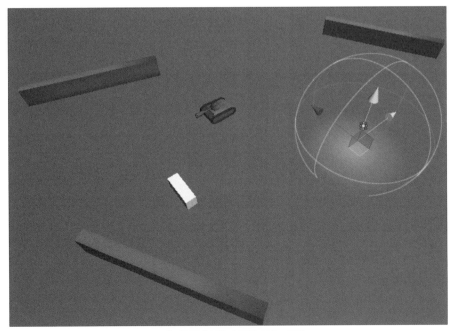

▲ 탱크와 플레이어가 돌아다니는 공간

기본적인 설정은 마쳤으니 탱크와 인공지능 캐릭터 그리고 플레이어 캐릭터의 특성을 구현해보자.

플레이어 탱크와 특성 설정

Target 오브젝트는 메시 렌더러를 사용하지 않는 간단한 구 형태의 오브젝트다. 또한 점 광원point light도 하나 만들어서 Target 오브젝트의 자식으로 만들었다. 광원은 중심에 두어야 한다.

다음은 Target.cs 파일 내의 코드다.

```
using UnityEngine;
using System.Collections;

public class Target : MonoBehaviour {

  public Transform targetMarker;

  void Update () {
    int button = 0;
    //마우스를 클릭하면 충돌 지점을 얻는다.
    if (Input.GetMouseButtonDown(button)) {
      Ray ray = Camera.main.ScreenPointToRay(Input.mousePosition);
      RaycastHit hitInfo;
      if (Physics.Raycast(ray.origin, ray.direction, out hitInfo)) {
        Vector3 targetPosition = hitInfo.point;
        targetMarker.position = targetPosition;
      }
    }
  }
}
```

이 스크립트를 Target 오브젝트에 연결하자. 인스펙터에서 targetMarker 변수에 지정하면 된다. 이 스크립트는 마우스 클릭 이벤트를 감지한 후 레이캐스팅 기법을 사용해서 3D 공간의 평면상에서 마우스가 클릭된 곳을 찾아낸다. 그런 다음 Target 오브젝트를 해당 위치로 이동시킨다.

플레이어 탱크 구현

우리가 사용하는 탱크는 2장에서 사용하던 단순한 모델로 키네마틱_{Kinematic} 강체 컴포넌트를 가지지 않는 형태다. 하지만 인공지능 캐릭터와의 충돌 감지 및 처리를 위해서는 강체 컴포넌트가 필요하다. 일단 탱크에 Player 태그를 달아주자.

탱크는 앞으로 곧 만들 PlayerTank 스크립트로 제어한다. 이 스크립트는 맵 위에서의 타깃 위치를 가져와서 목적지와 방향을 갱신한다.

PlayerTank.cs 파일 내의 코드는 다음과 같다.

```
using UnityEngine;
using System.Collections;

public class PlayerTank : MonoBehaviour {
  public Transform targetTransform;
  private float movementSpeed, rotSpeed;

  void Start () {
    movementSpeed = 10.0f;
    rotSpeed = 2.0f;
  }

  void Update () {
    //타깃 위치 근처에 도달하면 일단 정지
    if (Vector3.Distance(transform.position,
      targetTransform.position) < 5.0f)
      return;

    //현재 위치로부터 타깃 위치로의 방향 벡터 계산
    Vector3 tarPos = targetTransform.position;
    tarPos.y = transform.position.y;
    Vector3 dirRot = tarPos - transform.position;


    //LookRotation 메소드를 사용해 이 새로운 회전 벡터를 위한 Quaternion 구성
    Quaternion tarRot = Quaternion.LookRotation(dirRot);

    //보간법을 사용해서 이동하고 회전
    transform.rotation= Quaternion.Slerp(transform.rotation,
```

```
            tarRot, rotSpeed * Time.deltaTime);

    transform.Translate(new Vector3(0, 0,
      movementSpeed * Time.deltaTime));
  }
}
```

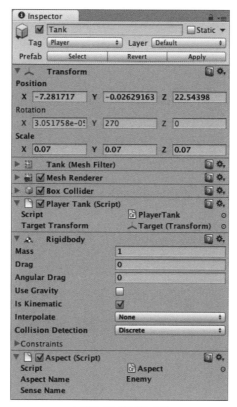

▲ 탱크 오브젝트의 속성

이 스크린샷은 인스펙터에서 탱크에 적용한 스크립트의 스냅샷을 보여준다.

이 스크립트는 맵상에서 Target 오브젝트의 위치를 가져와서 그것에 맞게 목적
지점과 방향을 갱신한다. 이 스크립트를 탱크에 지정한 후에는 잊지 말고 Target
오브젝트를 targetTransform 변수에 지정해야 한다.

Aspect 클래스 구현

다음으로는 Aspect.cs 클래스를 살펴보자. Aspect는 매우 간단한 클래스로 단 하나의 퍼블릭 속성 aspectName을 가진다. 3장에서는 이 하나의 변수면 충분하다. 인공지능 캐릭터가 무언가를 감지할 때는 항상 aspectName을 검사해 인공지능 캐릭터가 찾고 있는 대상인지 검사할 예정이다.

Aspect.cs 파일의 내용은 다음과 같다.

```
using UnityEngine;
using System.Collections;

public class Aspect : MonoBehaviour {
  public enum aspect {
    Player,
    Enemy
  }
  public aspect aspectName;
}
```

이 스크립트를 플레이어 탱크에 연결하고 다음 그림처럼 aspectName 속성을 Enemy로 지정하자.

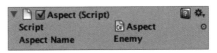

▲ 찾고자 하는 특성으로 설정

인공지능 캐릭터 생성

인공지능 캐릭터는 씬 내에서 임의의 방향으로 돌아다니는데, 여기에서는 2가지 감각을 사용한다.

- 지정된 시야 범위와 일정 거리 이내에 적이 존재하는지 검사하는 시각

- 인공지능 캐릭터를 포위할 적 특성을 갖는 개체가 박스 콜라이더와 충돌할 때 이를 감지할 촉각

앞에서도 살펴본 것처럼 플레이어 탱크는 Enemy 특성을 가지므로, 인공지능 캐릭터는 플레이어 탱크를 감지할 수 있다.

Wander.cs 파일의 내용은 다음과 같다.

```
using UnityEngine;
using System.Collections;

public class Wander : MonoBehaviour {
  private Vector3 tarPos;

  private float movementSpeed = 5.0f;
  private float rotSpeed = 2.0f;
  private float minX, maxX, minZ, maxZ;

  //초기화에 사용
  void Start () {
    minX = -45.0f;
    maxX = 45.0f;

    minZ = -45.0f;
    maxZ = 45.0f;

    //돌아다닐 위치 얻기
    GetNextPosition();
  }

  //Update는 초당 1회 호출됨
  void Update () {
    //목적 지점 근처인지 검사
    if (Vector3.Distance(tarPos, transform.position) <= 5.0f)
      GetNextPosition(); //generate new random position

    //목적지 방향으로의 회전을 위한 쿼터니온(quaternion) 설정
    Quaternion tarRot = Quaternion.LookRotation(tarPos -
      transform.position);

    //회전과 트랜슬레이션 갱신
    transform.rotation = Quaternion.Slerp(transform.rotation, tarRot,
      rotSpeed * Time.deltaTime);
```

```
      transform.Translate(new Vector3(0, 0,
        movementSpeed * Time.deltaTime));
  }

  void GetNextPosition() {
    tarPos = new Vector3(Random.Range(minX, maxX), 0.5f,
      Random.Range(minZ, maxZ));
  }
}
```

Wander 스크립트는 인공지능 캐릭터가 현재 목적지에 도달할 때마다 새로운 임의의 지점을 지정된 영역 내에서 생성한다. 이후 Update 메소드는 적을 회전시키고 새로운 목적지를 향해 이동시킨다. 이 스크립트를 인공지능 캐릭터에 연결하면 이제 씬 내에서 돌아다니는 모습을 볼 수 있다.

Sense 클래스 사용

Sense 클래스는 다른 커스텀 감각을 구현할 때 사용하는 인터페이스로, 2개의 가상 메소드 Initialize와 UpdateSense를 정의하고 있다. 이들 메소드는 커스텀 클래스에서 내용을 구현하며 각기 Start와 Update 메소드에서 실행된다.

Sense.cs 파일의 내용은 다음과 같다.

```
using UnityEngine;
using System.Collections;

public class Sense : MonoBehaviour {
  public bool bDebug = true;
  public Aspect.aspect aspectName = Aspect.aspect.Enemy;
  public float detectionRate = 1.0f;

  protected float elapsedTime = 0.0f;

  protected virtual void Initialize() { }
  protected virtual void UpdateSense() { }
```

```
   //초기화에 사용
   void Start () {
     elapsedTime = 0.0f;
     Initialize();
   }

   //Update는 프레임당 1회 호출된다.
   void Update () {
     UpdateSense();
   }
}
```

기본 속성은 찾고자 하는 특성의 이름과 더불어 감지율도 포함하고 있다. 이 스크립트는 어떤 오브젝트에도 연결되진 않는다.

약간의 시각 부여

시각은 특정한 특성을 가진 개체가 시야 범위 내에 있는지 검사한다. 만일 찾던 개체를 발견하면 특정 동작을 수행한다.

Perspective.cs 파일의 내용은 다음과 같다.

```
using UnityEngine;
using System.Collections;

public class Perspective : Sense {
  public int FieldOfView = 45;
  public int ViewDistance = 100;

  private Transform playerTrans;
  private Vector3 rayDirection;

  protected override void Initialize() {
    //플레이어 위치 찾기
    playerTrans =
      GameObject.FindGameObjectWithTag("Player").transform;
```

```
  }

  //Update는 프레임당 한 번 호출된다.
  protected override void UpdateSense() {
    elapsedTime += Time.deltaTime;

    //검출 범위에 있으면 시각 검사를 수행한다.
    if (elapsedTime >= detectionRate) DetectAspect();
  }

  //인공지능 캐릭터에 대한 시야를 검사한다.
  void DetectAspect() {
    RaycastHit hit;

    //현재 위치로부터 플레이어 위치로의 방향
    rayDirection = playerTrans.position -
      transform.position;

    //인공지능 캐릭터의 전방 벡터와 플레이어와 인공지능 캐릭터 사이의
    //방향 벡터 간의 각도를 검사한다.
    if ((Vector3.Angle(rayDirection, transform.forward)) < FieldOfView) {
      //플레이어가 시야에 들어왔는지 검사
      if (Physics.Raycast(transform.position, rayDirection, out hit,
        ViewDistance)) {
        Aspect aspect = hit.collider.GetComponent<Aspect>();
        if (aspect != null) {
          //특성 검사
          if (aspect.aspectName == aspectName) {
            print("Enemy Detected");
          }
        }
      }
    }
  }
```

부모 Scene 클래스의 Start와 Update 메소드에서 각기 호출할 Initialize와 UpdateSense를 구현해야 한다. 그런 후 DetectAspect 메소드에서 일단 플레이어와 인공지능 캐릭터의 현재 방향 간의 각도를 검사한다. 만일 시야에 들어왔다면 플레이어 탱크 방향으로 광선을 발사한다. 광선의 길이는 볼 수 있는 거리 속성이다. Raycast 메소드는 다른 오브젝트와 충돌하면 반환한다. 그런 후 특성 컴포넌트를 통해 특성 이름을 검사한다. 플레이어가 볼 수 있는 범위 내에 있더라도 벽으로 막혀 있으면 보지 못한다.

플레이 테스트를 하는 동안 OnDrawGizmos 메소드는 시야 범위를 표시하는 선을 그려서 인공지능 캐릭터가 에디터 창에서 어디까지 볼 수 있는지를 표시한다. 이 스크립트를 인공지능 캐릭터에 연결하고 특성 이름을 잊지 말고 Enemy로 설정하자.

이 메소드는 다음과 같다.

```
void OnDrawGizmos() {
  if (playerTrans == null) return;

  Debug.DrawLine(transform.position, playerTrans.position, Color.red);

  Vector3 frontRayPoint = transform.position + (transform.forward *
    ViewDistance);

  //대략적인 시야 범위 시각화
  Vector3 leftRayPoint = frontRayPoint;
  leftRayPoint.x += FieldOfView * 0.5f;

  Vector3 rightRayPoint = frontRayPoint;
  rightRayPoint.x -= FieldOfView * 0.5f;

  Debug.DrawLine(transform.position, frontRayPoint, Color.green);

  Debug.DrawLine(transform.position, leftRayPoint, Color.green);

  Debug.DrawLine(transform.position, rightRayPoint, Color.green);
  }
}
```

촉각 활용

플레이어 개체가 인공지능 개체 근처에 있을 때 알아채는 용도로 사용하는 촉각을 구현하기 위해 Touch.cs를 구현해보자. 인공지능 캐릭터는 박스 콜라이더 컴포넌트를 가지고 있고 IsTrigger 플래그는 켜진 상태다.

OnTriggerEnter 이벤트를 구현해야 콜라이더 컴포넌트가 다른 콜라이더 컴포넌트와 충돌할 때 알림을 받을 수 있다. 탱크 개체는 이미 콜라이더와 강체 컴포넌트를 가지고 있으므로 인공지능 캐릭터와 플레이어 탱크가 충돌하면 바로 이벤트가 발생한다.

Touch.cs 파일의 내용은 다음과 같다.

```
using UnityEngine;
using System.Collections;

public class Touch : Sense {
  void OnTriggerEnter(Collider other) {
    Aspect aspect = other.GetComponent<Aspect>();
    if (aspect != null) {
      //특성 검사
      if (aspect.aspectName == aspectName) {
        print("Enemy Touch Detected");
      }
    }
  }
}
```

OnTriggerEnter 이벤트를 구현해 충돌 시 이벤트를 받도록 하자. 탱크 개체는 이미 콜라이더와 강체 컴포넌트를 가지고 있으므로 인공지능 캐릭터와 충돌하면 바로 충돌 이벤트가 발생한다. 트리거는 다음 스크린샷처럼 확인할 수 있다.

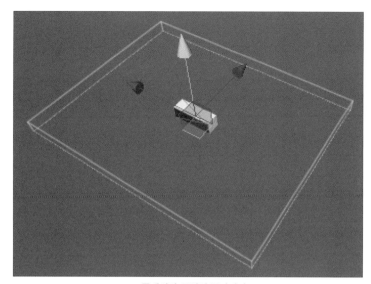

▲ 플레이어 주변의 콜라이더

이전 스크린샷은 적 인공지능 캐릭터의 박스 콜라이더로 촉각을 구현할 때 사용할
예정이다. 다음 스크린샷을 보면 인공지능 캐릭터의 설정을 확인할 수 있다.

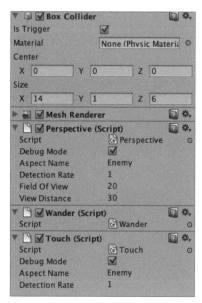

▲ 플레이어의 속성

`OnTriggerEnter` 메소드 내에서 충돌한 다른 개체의 특성 컴포넌트에 접근해 인공지능 캐릭터가 찾고 있던 특성이 맞는지 이름을 확인한다. 그리고 데모 목적으로 촉각에 의해 감지된 적의 특성을 출력하기로 하자. 실제 프로젝트에서는 다른 행동을 더 구현할 수도 있다. 예를 들면 플레이어가 갑자기 적에게 달려들어 추격과 공격을 한다든가 하는 행동을 할 수도 있다.

결과 검사

게임을 유니티 3D에서 실행하고 땅을 클릭해 플레이어 탱크를 이동 중인 인공지능 캐릭터 근처로 가져가면 Enemy touch detected 메시지가 콘솔 로그창에 나타나는 모습을 확인할 수 있다.

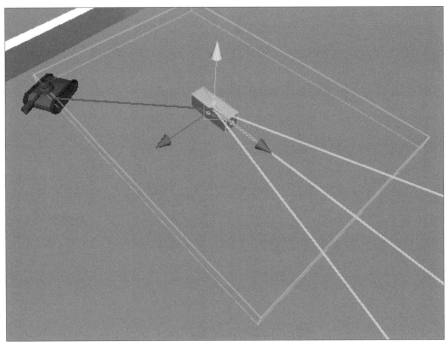

▲ 플레이어와 탱크

이 스크린샷은 촉각과 시각을 가지는 인공지능 에이전트가 적 특성을 갖는 개체를 찾는 모습을 보여준다. 플레이어 탱크를 인공지능 캐릭터 앞에 가져다 놓으면 Enemy detected 메시지를 보게 된다. 게임을 실행하는 도중 에디터 뷰를 보면 디버그 용도의 그리기를 볼 수 있는데, 이는 시각을 처리하는 Sense 클래스의 OnDrawGizmos 메소드를 구현했기 때문이다.

요약

3장에서는 인공지능 캐릭터의 감각을 구현하는 개념을 소개했고 2개의 감각으로 시각과 촉각을 구현해봤다. 센서 시스템은 전체 인공지능 시스템의 의사결정 시스템 중 일부로 이를 행동 시스템과 결합해 사용하면 특정 감각에 반응하는 행동을 만들 수도 있다. 예를 들면, 적이 시야 범위에 들어온 것을 감지하면 FSM을 사용해 Patrol 상태에서 Chase와 Attack 상태로 변경시킬 수 있다. 또한 6장에서는 행동 트리 시스템의 적용 방법을 다룰 예정이다.

4장에서는 유니티 3D에서 군집 행동 구현 방법을 살펴보고 동시에 크레이그 레이놀즈Craig Reynolds의 군집 처리 알고리즘도 살펴볼 예정이다.

4

길 찾기

인공지능 개체가 장애물을 피해가며 목적지에 도달하게 하는 일은 어렵지 않다. 6장에서 구현할 특정 동작은 군집 시뮬레이션에서 각 개체가 서로 부딪히지 않으면서 목적지에 도달하도록 할 때 유용하다. 예제를 구현할 때 최고의 효율성을 추구하거나 최단 거리 이동을 고려하지는 않았으며 최단 거리 탐색과 관련된 A* 길 찾기 알고리즘은 다음 절에서 다룰 예정이다.

다음은 4장에서 다룰 내용이다.

* 길 찾기와 조향

* 커스텀 A* 길 찾기 구현

* 유니티 내장 NavMesh

경로 따라가기

경로는 일반적으로 웨이포인트를 연결해서 생성하므로 다음 그림처럼 생긴 간단한 경로를 구성하고 큐브 개체가 경로를 부드럽게 따라가게 해보자. 경로를 만드는 방법은 다양한데 지금 사용할 방법이 아마도 가장 간단한 방법일 가능성이 크다. Path.cs 스크립트를 생성하고 모든 웨이포인트를 Vector3 배열에 저장하자. 그런 다음 다소 지겹겠지만, 에디터에서 각 지점을 직접 입력하자. 또는 빈 게임 오브젝트를 웨이포인트로 사용하거나 이런 처리를 자동으로 해주는 편집기 플러그인을 직접 만들 수도 있다. 직접 플러그인을 만드는 부분은 이 책의 범위를 넘어서므로 생략한다. 일단은 직접 웨이포인트를 입력하는 형태로 진행하자.

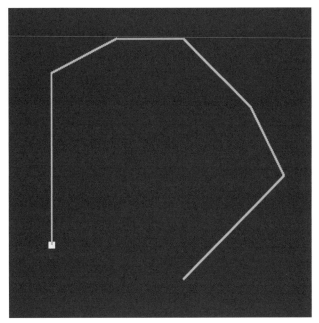

▲ 오브젝트 경로

일단 빈 게임 개체를 생성하고 경로 스크립트 컴포넌트를 다음 스크린샷처럼 추가하자.

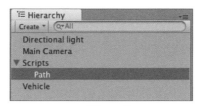

▲ 계층도 구성

그런 다음 경로에 포함하고 싶은 모든 지점으로 Point A 변수를 채우자.

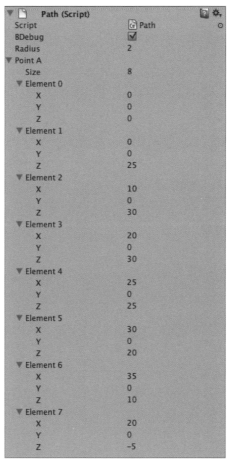

▲ 경로 스크립트의 속성

그림에 있는 목록은 경로를 만드는 데 필요한 웨이포인트다. 그 외 두 개의 속성 debug mode와 radius가 있다. debug mode 속성을 체크하면 에디터 윈도우상에서도 경로가 그려진다. radius 속성은 개체가 목적지에 도달했는지 검사할 때 사용하는 반지름값이다. 목적지로부터 지정한 반지름 이내에 들어오면 도착했다고 판단한다. 목적지에 정확히 도달하기란 매우 어려우므로 이 반지름값을 잘 활용하면 효율적으로 경로를 따라가도록 만들 수 있다.

경로 스크립트

이제 오브젝트의 경로에 대한 관리를 책임지는 경로 스크립트를 살펴보자. 다음은 Path.cs 파일 내의 코드다.

```
using UnityEngine;
using System.Collections;

public class Path : MonoBehaviour {
  public bool bDebug = true;
  public float Radius = 2.0f;
  public Vector3[] pointA;

  public float Length {
    get {
      return pointA.Length;
    }
  }

  public Vector3 GetPoint(int index) {
    return pointA[index];
  }

  void OnDrawGizmos() {
    if (!bDebug) return;

    for (int i = 0; i <pointA.Length; i++) {
      if (i + 1<pointA.Length) {
        Debug.DrawLine(pointA[i], pointA[i + 1],
          Color.red);
```

```
      }
    }
  }
}
```

보다시피 매우 간단한 스크립트로 Length 속성을 가지고 있으며 요청을 받으면 웨이포인트 배열의 길이를 반환한다. GetPoint 메소드는 배열 내 특정 인덱스의 웨이포인트를 Vector3 위치로 반환한다. OnDrawGizmos 메소드는 편집기 환경에서 경로를 그릴 때 사용한다. 게임 뷰에서는 우측 상단에 있는 기즈모gizmo를 활성화하지 않는 한 경로를 그리지 않는다.

경로 추종자 사용

예제에는 간단한 큐브 오브젝트인 차량 개체도 있는데 나중에 큐브를 멋진 3D 모델로 변경해도 좋다. 스크립트를 생성하면 VehicleFollowing 스크립트 컴포넌트를 다음 스크린샷처럼 추가하자.

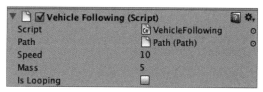

▲ VehicleFollowing 스크립트의 속성

스크립트에는 몇 개의 매개변수가 있다. 일단 따라갈 경로 오브젝트의 참조가 있으며, 가속도를 계산할 때 필요한 Speed와 Mass 속성이 있다. IsLooping 플래그는 경로 이동을 반복할지 결정하는 데 사용한다. VehicleFollowing.cs 파일 내의 코드를 살펴보자.

```
using UnityEngine;
using System.Collections;

public class VehicleFollowing : MonoBehaviour {
  public Path path;
  public float speed = 20.0f;
```

```
public float mass = 5.0f;

public bool isLooping = true;

//차량의 실제 속도
private float curSpeed;

private int curPathIndex;
private float pathLength;
private Vector3 targetPoint;

Vector3 velocity;
```

다음 코드처럼 Start 메소드에서 속성을 초기화하고 속도 벡터의 방향을 개체의
전방 벡터로 설정한다.

```
void Start () {
  pathLength = path.Length;
  curPathIndex = 0;

  //차량의 현재 속도를 얻는다.
  velocity = transform.forward;
}
```

이 스크립트에서 중요한 메소드는 Update와 Steer 두 개뿐이다. 다음 코드를 보자.

```
void Update () {
  //속도를 통일
  curSpeed = speed * Time.deltaTime;

  targetPoint = path.GetPoint(curPathIndex);

  //목적지의 반지름 내에 들어오면 경로의 다음 지점으로 이동
  if (Vector3.Distance(transform.position, targetPoint) <
    path.Radius) {
    //경로가 끝나면 정지
    if (curPathIndex < pathLength - 1) curPathIndex++;
    else if (isLooping) curPathIndex = 0;
    else return;
  }
```

```
   //최종 지점에 도착하지 않았다면 계속 이동
   if (curPathIndex >= pathLength ) return;

   //경로를 따라 다음 Velocity를 계산
   if (curPathIndex >= pathLength-1&& !isLooping)
     velocity += Steer(targetPoint, true);
   else velocity += Steer(targetPoint);

   //속도에 따라 차량 이동
   transform.position += velocity;
   //원하는 Velocity로 차량을 회전
   transform.rotation = Quaternion.LookRotation(velocity);
}
```

Update 메소드에서는 개체가 특정 웨이포인트에 도달했는지를 경로의 반지름값을 고려해 검사한다. 만일 범위 내에 진입했다면 인덱스 값을 하나 올려 배열에서 다음 웨이포인트를 가져온다. 마지막 웨이포인트라면 isLooping 플래그 설정을 검사한다. 설정이 활성 상태면 시작 지점으로 목적지를 지정한다. 비활성 상태면 그 자리에 멈추면 된다. 원한다면 방향을 바꿔 거꾸로 돌아가게 할 수도 있다. 다음 파트에서는 Steer 메소드에서 가속도를 계산할 예정이다. 그런 후 개체를 회전시키고 속력과 속도의 방향에 따라 위치를 갱신한다.

```
//목적지로 벡터의 방향을 바꾸는 조향 알고리즘
public Vector3 Steer(Vector3 target,
  bool bFinalPoint = false) {
  //현재 위치에서 목적지 방향으로 방향 벡터를 계산한다.
  Vector3 desiredVelocity = (target -transform.position);
  float dist = desiredVelocity.magnitude;

  //원하는 Velocity를 정규화
  desiredVelocity.Normalize();

  //속력에 따라 속도를 계산
  if (bFinalPoint&&dist<10.0f) desiredVelocity *=
    (curSpeed * (dist / 10.0f));
  else desiredVelocity *= curSpeed;

  //힘 Vector 계산
```

```
Vector3 steeringForce = desiredVelocity - velocity;
Vector3 acceleration = steeringForce / mass;

return acceleration;
  }
}
```

Steer 메소드는 이동할 목표지점 Vector3와 경로의 최종 웨이포인트 여부를 매개변수로 받는다. 일단은 현재 위치와 목표 위치 사이의 거리를 통해 남은 거리를 계산해야 한다. 목표 위치 벡터에서 현재 위치 벡터를 빼면 목표 지점을 향하는 벡터를 구할 수 있다. 벡터의 크기는 남은 거리를 의미한다. 그런 후 direction 속성만 남기기 위해 벡터를 정규화한다. 이제, 만일 최종 웨이포인트이면서 근접한 거리가 미리 지정한 10 이내라면 서서히 속도를 줄여 멈추도록 하면 된다. 또는 간단히 목표 속도를 지정된 속력으로 갱신할 수도 있다. 이 목표 속도에서 현재 속도 벡터를 빼면 새로운 조향 벡터를 계산할 수 있으며, 이 벡터를 개체의 질량으로 나누면 가속도를 얻을 수 있다.

씬을 실행하면 큐브 오브젝트가 경로를 따라가는 모습을 확인할 수 있다. 또한 에디터 뷰에 경로가 그려진 모습도 볼 수 있다. 추종자의 속력과 질량 값 그리고 경로의 반경을 다양하게 바꿔보면 각 값이 전체 시스템에 미치는 영향을 확인해볼 수 있다.

장애물 회피

이번 절에서는 다음 스크린샷과 같은 씬을 구성하고 인공지능 개체가 목표 지점을 향해 이동하는 과정에서 장애물을 피하도록 할 생각이다. 이번에 사용할 알고리즘은 아주 간단한 레이캐스팅 방식을 사용하기 때문에 경로 이동 중 정면을 가로막는 장애물만 피해갈 수 있다. 다음 스크린샷은 씬 구현 모습이다.

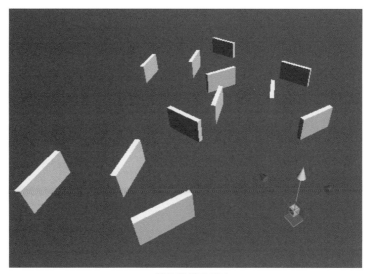

▲ 샘플 씬 설정 화면

씬 생성을 위해 몇 개의 큐브 개체를 생성하고 이를 Obstacles라는 빈 게임 오브젝트 아래로 묶자. 또한 Agent라는 또 하나의 큐브 오브젝트를 생성하고 여기에 장애물 회피 스크립트를 연결한다. 그런 다음 바닥 평면을 생성해서 목표 지점의 탐색을 돕도록 하자.

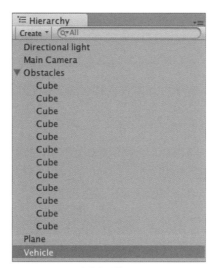

▲ 정리된 계층도 모습

`Agent` 오브젝트는 제대로 된 경로탐색기가 아니므로 너무 많은 벽을 세우면 `Agent`는 경로탐색이 어려울 수 있다. 적절한 수의 벽을 세우고 `Agent`의 움직임을 살펴보자.

커스텀 레이어 추가

이제 오브젝트에 커스텀 레이어를 추가해보자. 새 레이어를 추가하려면 Edit ➤ Project Settings ➤ Tags로 이동하면 된다. User Layer 8의 이름을 Obstacles로 지정한다. 이제 다시 큐브 개체로 돌아가서 `layer` 속성을 `Obstacles`로 설정하자.

▲ 새 레이어 생성

이는 유니티 3D에 추가된 새 레이어다. 나중에 장애물 감지를 위해 레이 캐스팅을 사용할 때 이 특정 레이어만 사용해서 개체를 검사한다. 이런 방식을 사용하면 수풀이나 식물처럼 실제 장애물이 아니어서 충돌 감시를 할 필요가 없는 오브젝트는 무시할 수 있다.

▲ 새 레이어 지정

규모가 큰 프로젝트에서 게임 오브젝트는 일반적으로 이미 지정된 레이어를 가지고 있다. 그러므로 오브젝트의 레이어를 Obstacles로 변경하는 대신, 장애물 검사를 할 때 사용할 리스트를 큐브 개체를 위한 레이어의 비트맵을 사용해서 만들어야 한다. 다음 절에서 비트맵에 관한 이야기는 더 다룰 예정이니 참고하자.

 카메라는 레이어를 사용해서 씬의 일부를 렌더링하며, 광원은 씬의 특정 부분만 빛나게 하고 싶을 때 레이어를 사용한다. 하지만 레이 캐스팅을 사용해 특정 오브젝트만 선별적으로 충돌처리를 하고 싶을 때도 레이어를 활용할 수 있다. 추가적인 내용을 원할 경우 http://docs.unity3d.com/Documentation/Components/Layers.html을 참고하기 바란다.

장애물 회피 로직 구현

이제 큐브 개체가 실제로 장애물을 피하도록 스크립트를 작성해보자.

▲ 차량 회피 스크립트의 속성

늘 하던 대로, 일단 기본 속성으로 개체 스크립트를 초기화하고 OnGUI 메소드에서 GUI 텍스트를 그린다. VehicleAvoidance.cs 파일에 있는 다음 코드를 살펴보자.

```
using UnityEngine;
using System.Collections;

public class VehicleAvoidance : MonoBehaviour {
  public float speed = 20.0f;
  public float mass = 5.0f;
  public float force = 50.0f;
  public float minimumDistToAvoid = 20.0f;
```

```
  //차량의 실제 속도
  private float curSpeed;
  private Vector3 targetPoint;

  //초기화 수행
  void Start () {
    mass = 5.0f;
    targetPoint = Vector3.zero;
  }

  void OnGUI() {
    GUILayout.Label("Click anywhere to move the vehicle.");
  }
```

그런 다음 Update 메소드에서 AvoidObstacles 메소드가 반환한 방향 벡터에 기반을 두어 에이전트 개체의 위치와 방향을 갱신한다.

```
//매 프레임 Update 호출됨
void Update () {
  //차량은 마우스 클릭으로 이동
  RaycastHit hit;
  var ray = Camera.main.ScreenPointToRay
    (Input.mousePosition);

  if (Input.GetMouseButtonDown(0) &&
    Physics.Raycast(ray, out hit, 100.0f)) {
    targetPoint = hit.point;
  }

  //목표 지점을 향하는 방향 벡터
  Vector3 dir = (targetPoint - transform.position);
  dir.Normalize();

  //장애물 회피 적용
  AvoidObstacles(ref dir);

  //...
}
```

일단 Update 메소드에서 인공지능 개체의 이동에 필요한 정보인 마우스 클릭 위치를 가져온다. 이를 위해 카메라가 바라보는 방향으로 광선을 쏜 후 광선이 지표면과 충돌한 지점을 목표 지점으로 정한다. 일단 목표 지점 벡터를 구하면 현재 위치 벡터에서 목표 지점 벡터를 빼서 방향 벡터를 구한다. 그런 후 AvoidObstacles 메소드를 호출하고 방향 벡터를 인자로 전달한다.

```
//장애물 회피를 위해 새 방향 벡터를 계산
public void AvoidObstacles(ref Vector3 dir) {
  RaycastHit hit;

  //레이어 8(Obstacles)만 검사
  int layerMask = 1<<8;

  //회피 최소거리 이내에서 장애물과 차량이 충돌했는지 검사 수행
  if (Physics.Raycast(transform.position,
    transform.forward, out hit,
    minimumDistToAvoid, layerMask)) {
    //새 방향을 계산하기 위해 충돌 지점에서 법선을 구한다.
    Vector3 hitNormal = hit.normal;
    hitNormal.y = 0.0f; //Don't want to move in Y-Space

    //차량의 현재 전방 벡터에 force를 더해 새로운 방향 벡터를 얻는다.
    dir = transform.forward + hitNormal * force;
  }
 }
}
```

AvoidObstacles 메소드 또한 매우 간단하다. 여기에서 주목해야 하는 유일한 기법은 유니티 3D의 TagManager의 **User Layer 8**에 지정한 Obstacles 레이어에 대해서만 레이캐스팅이 적용된다는 사실이다. Raycast 메소드는 어떤 레이어를 무시하고 어떤 레이어를 고려해야 하는지 결정하기 위해 레이어 마스크 매개변수를 사용한다. TagManager에서 지정할 수 있는 레이어의 수를 살펴보면 총 32개임을 확인할 수 있다. 따라서 유니티 3D는 32비트 정수를 레이어 마스크 매개변수로 사용한다. 예를 들면, 다음은 32비트 표현으로 0을 나타낸다.

0000 0000 0000 0000 0000 0000 0000 0000

기본적으로 유니티 3D는 첫 8개의 레이어를 내장 레이어로 사용한다. 따라서 레이어 마스크 매개변수 없이 레이캐스트를 사용하면 이 8개의 모든 레이어에 대해서 레이캐스트가 수행되며, 이를 비트마스크bitmask로 표현하면 다음과 같다.

```
0000 0000 0000 0000 0000 0000 1111 1111
```

Obstacles 레이어를 9번째 인덱스인 layer 8로 설정했으며 이 레이어에 대해서만 레이캐스트가 수행되길 원하므로 다음처럼 비트마스크를 설정하면 된다.

```
0000 0000 0000 0000 0000 0001 0000 0000
```

시프트shift 연산자를 사용하면 쉽게 비트마스크를 생성할 수 있다. 9번째 인덱스만 1로 설정하기 위해서는 왼쪽으로 8번 이동하면 된다. 따라서 다음 코드처럼 왼쪽 시프트left shift 연산자를 사용해서 8칸 왼쪽으로 이동시키자.

```
int layerMask = 1<<8;
```

만일 다중 레이어 마스크를 사용하고자 할 때, 예를 들어 레이어 8과 레이어 9를 동시에 사용하고 싶다면 다음 코드처럼 OR 연산자로 합치면 된다.

```
int layerMask = (1<<8) | (1<<9);
```

 온라인상에 레이어마스크의 사용과 관련한 좋은 토론이 많다. 다음은 질문과 답변이 활발한 사이트의 주소다. http://answers.unity3d.com/questions/8715/how-do-i-use-layermasks.html

레이어 마스크를 준비하면 현재 개체의 위치와 전방 정보를 가지고 Physics.Raycast 메소드를 호출한다. 일정 거리 이내에 대해서만 장애물 충돌 처리를 할 예정이기 때문에 minimumDistToAvoid 변수를 광선의 길이로 사용하자.

충돌 광선의 법선 벡터를 구한 후 force 벡터를 곱하고 이를 개체의 현재 방향에 더하면 새로운 방향 벡터를 얻을 수 있다.

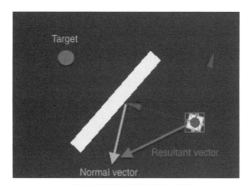

▲ 큐브 개체가 벽을 피하는 방법

그런 후 Update 메소드에서 이렇게 구한 새 방향으로 인공지능 개체를 회전시키고 속력 값에 따라 위치를 갱신한다.

```
void Update () {

  //...

  //목표 지점에 도착하면 차량을 멈춘다.
  if (Vector3.Distance(targetPoint,
    transform.position) < 3.0f) return;

  //속도에 델타 타임을 적용한다.
  curSpeed = speed * Time.deltaTime;

  //목표 방향 벡터로 차량을 회전시킨다.
  var rot = Quaternion.LookRotation(dir);
  transform.rotation = Quaternion.Slerp
    (transform.rotation, rot, 5.0f *
    Time.deltaTime);

  //차량을 전진시킨다.
  transform.position += transform.forward
    * curSpeed;
}
```

A* 길 찾기

다음으로, 유니티 환경에서 C#을 사용해 A* 알고리즘을 구현해볼 예정이다. 딕스트라Dijkstra 알고리즘 같은 다양한 방법이 존재하지만, A* 알고리즘이 갖는 단순함과 높은 효율성의 장점 덕분에 게임이나 상호작용이 많은 애플리케이션에서 A* 길 찾기 알고리즘을 널리 사용하고 있다. 1장에서 이 알고리즘의 원리에 대해 간단히 다뤘는데 이번엔 구현 관점에서 다시 살펴보자.

A* 알고리즘 재확인

실질적인 구현을 다루기 전에 A* 알고리즘에 대해 다시 살펴보자. A* 알고리즘을 적용하기 위해서는 일단 맵을 운행 가능한 데이터 구조로 표현해야 한다. 다양한 구조를 사용할 수 있지만, 이번 예제에서는 2차원 격자 배열을 사용하자. 나중에는 맵 정보를 다루기 위한 목적으로 GridManager 클래스를 구현할 예정이다. GridManager 클래스는 기본적으로 2차원 격자 내에 있는 Node 오브젝트의 리스트를 보관한다. 따라서 Node 클래스를 구현할 때는 지나갈 수 있는 노드인지 또는 장애물인지에 관계없이 모두 각 노드 타입에 따라 통과할 때 드는 비용과 목적 Node에 도달하는 데 드는 비용 같은 정보를 처리할 수 있어야 한다.

두 개의 변수를 사용해 하나는 이미 처리한 노드를 저장하도록 하고 다른 하나는 앞으로 처리해야 하는 노드를 저장하도록 한 후 이를 각각 닫힌 리스트와 열린 리스트로 부르자. 해당 리스트 타입은 PriorityQueue 클래스에 구현할 예정이다. 그리고 최종적으로 다음의 A* 알고리즘을 AStar 클래스에 구현할 예정이다.

1. 시작 노드에서 시작하고 이를 열린 목록에 넣는다.
2. 열린 목록이 노드를 가지고 있는 한, 다음 과정을 수행한다.

    1. 열린 리스트의 첫 노드를 가져와 이를 현재 노드로 유지한다(이는 열린 리스트가 정렬된 상태며 첫 노드는 가장 비용이 낮다고 가정하며, 코드 마지막 부분에 다시 언급할 예정이다).

2. 현재 노드의 이웃 중 벽이나 대포같이 통과할 수 없는 장애물 타입이 아닌 통과 가능한 노드를 가져온다.

3. 각 이웃 노드에 대해 이미 닫힌 리스트에 포함된 상태인지 확인한 후 닫힌 리스트에 포함된 상태가 아니면 다음 수식을 사용해서 이웃 노드의 총비용을 계산한다.

F = G + H

4. 이 수식에서 G는 이전 노드에서 현재 노드까지의 총비용이며, H는 현재 노드에서 목적 지점 노드까지의 총비용이다.

5. 이웃 노드 오브젝트에 비용 데이터를 저장하고 현재 노드를 부모 노드로 저장한다. 나중에 이 부모 노드 데이터를 사용해서 실제 경로를 역추적하게 된다.

6. 이 이웃 노드를 열린 리스트에 넣고 열린 리스트를 목적 노드에 도달하는 데 필요한 총비용 순으로 오름차순 정렬한다.

7. 처리할 이웃 노드가 더 없다면 현재 노드를 닫힌 리스트에 넣고 열린 리스트에서 제거한다.

8. 단계 2로 돌아간다.

일단 이 과정을 마치면 현재 노드는 대상 목표 지점 노드의 위치에 놓이게 되는데 이는 시작 지점에서 목표 지점으로 향하는 길이 장애물로 원천봉쇄되지 않았다는 가정하에만 유효하다. 만일 목적 노드가 아니라면 현재 노드 위치에서 대상 노드로 가는 유효한 경로가 없다는 의미다. 만일 유효한 경로가 존재하면 현재 노드의 부모 노드를 따라 시작 노드에 다시 되돌아올 때까지 역추적해야 한다. 그러고 나면 길 찾기 과정에서 지나온 경로에 놓인 모든 노드 목록을 얻을 수 있으며 순서를 뒤집으면 시작 지점부터 대상 목표 노드로 가는 경로를 알아낼 수 있다.

지금까지 유니티 3D에서 C#을 사용해서 구현할 A* 알고리즘의 개요를 살펴봤다.

구현

전에 언급한 대로 Node 클래스나 GridManager 클래스, PriorityQueue 클래스처럼 기본적으로 필요한 클래스를 먼저 구현하자. AStar 클래스는 이들 클래스를 활용해 구현할 예정이다.

노드 클래스 구현

Node 클래스는 각 타일 오브젝트를 2차원 격자로 다루면서 맵을 표현한다. Node. cs 파일은 다음과 같다.

```
using UnityEngine;
using System.Collections;
using System;

public class Node : IComparable {
  public float nodeTotalCost;
  public float estimatedCost;
  public bool bObstacle;
  public Node parent;
  public Vector3 position;

  public Node() {
    this.estimatedCost = 0.0f;
    this.nodeTotalCost = 1.0f;
    this.bObstacle = false;
    this.parent = null;
  }

  public Node(Vector3 pos) {
    this.estimatedCost = 0.0f;
    this.nodeTotalCost = 1.0f;
    this.bObstacle = false;
    this.parent = null;
    this.position = pos;
  }

  public void MarkAsObstacle() {
    this.bObstacle = true;
  }
```

Node 클래스는 비용(G와 H), 장애물 여부 플래그, 위치, 부모 노드 등의 정보를 다루기 위한 속성을 포함한다. nodeTotalCost는 G로 시작 위치에서 현재 노드까지의 이동 비용이며, estimatedCost는 H로 현재 노드에서 대상 목표 노드까지의 총 추정 비용이다. 그리고 두 개의 간단한 생성자 메소드와 해당 노드의 장애물 여부 설정을 위한 래퍼wrapper 메소드를 하나 가진다. 그런 후 다음 코드처럼 CompareTo 메소드를 구현한다.

```
public int CompareTo(object obj) {
  Node node = (Node)obj;
  //음수 값은 오브젝트가 정렬된 상태에서 현재보다 앞에 있음을 의미한다.
  if (this.estimatedCost < node.estimatedCost)
    return -1;
  //양수 값은 오브젝트가 정렬된 상태에서 현재보다 뒤에 있음을 의미한다.
  if (this.estimatedCost > node.estimatedCost) return 1;
    return 0;
  }
}
```

이 메소드는 중요하니 자세히 살펴보자. CompareTo 메소드를 오버라이드override 하기 위해 Node 클래스는 IComparable을 상속받았다. 이전 알고리즘 절에서 다룬 내용을 기억한다면 총 예상 비용을 기준으로 노드 배열의 목록을 정렬해야 한다는 사실을 짐작할 수 있다. ArrayList 타입은 Sort 메소드를 포함한다. Sort는 기본적으로 리스트 내의 오브젝트(이 경우엔 Node 오브젝트) 내에 구현된 CompareTo 메소드를 사용한다. 따라서 이 메소드는 estimatedCost 값에 기반을 두어 노드 오브젝트를 정렬하도록 구현하면 된다. 다음을 참고하면 이 닷넷 프레임워크NET framework에 대해 좀 더 자세히 살펴볼 수 있다.

 다음 경로를 참고하면 IComparable.CompareTo 메소드에 대해 자세히 살펴볼 수 있다.
http://msdn.microsoft.com/en-us/library/system.icomparable.compareto.aspx

우선순위 큐 구성

PriorityQueue는 짧고 간단한 클래스로 노드와 ArrayList를 쉽게 다루고자 할 때 사용한다. 다음 PriorityQueue.cs 파일을 참고하자.

```
using UnityEngine;
using System.Collections;

public class PriorityQueue {
private ArrayList nodes = new ArrayList();

public int Length {
  get { return this.nodes.Count; }
}

public bool Contains(object node) {
  return this.nodes.Contains(node);
}

public Node First() {
  if (this.nodes.Count > 0) {
    return (Node)this.nodes[0];
  }
  return null;
}

public void Push(Node node) {
  this.nodes.Add(node);
  this.nodes.Sort();
}

public void Remove(Node node) {
  this.nodes.Remove(node);
  //리스트를 확실하게 정렬한다.
  this.nodes.Sort();
 }
}
```

코드 자체는 이해하기 어렵지 않으며 한 가지 주의해야 할 부분은 ArrayList에 노드를 추가하거나 제거할 때 Sort 메소드를 호출한다는 사실이다. 이 메소드는 내부적으로 Node 오브젝트의 CompareTo 메소드를 호출해 estimatedCost 값에 따라 노드를 정렬한다.

그리드 매니저 설정

GridManager 클래스는 맵을 표현하는 모든 격자의 속성을 다룬다. 맵을 표현하는 데는 하나의 오브젝트만 필요하므로 GridManager 클래스를 싱글톤_{singleton} 인스 턴스로 유지한다. 다음은 GridManager.cs 파일의 내용이다.

```
using UnityEngine;
using System.Collections;

public class GridManager : MonoBehaviour {
  private static GridManager s_Instance = null;

  public static GridManager instance {
    get {
      if (s_Instance == null) {
        s_Instance = FindObjectOfType(typeof(GridManager))
          as GridManager;
        if (s_Instance == null)
          Debug.Log("Could not locate a GridManager " +
            "object. \n You have to have exactly " +
            "one GridManager in the scene.");
      }
    }
    return s_Instance;
  }
}
```

씬에서 GridManager 오브젝트를 찾아본 후 이미 있으면 이를 s_Instance 스태틱 static 변수에 할당해 관리한다.

```
public int numOfRows;
public int numOfColumns;
public float gridCellSize;
public bool showGrid = true;
public bool showObstacleBlocks = true;
```

```
private Vector3 origin = new Vector3();
private GameObject[] obstacleList;
public Node[,] nodes {  get; set; }
public Vector3 Origin {
  get { return origin; }
}
```

다음으로 열과 행의 수, 각 격자 타일의 크기, 격자와 장애물을 시각화하는 데 필요한 불린boolean 변수, 격자에 있는 모든 노드 등 맵을 표현할 때 필요한 모든 변수를 선언한다.

```
void Awake() {
  obstacleList = GameObject.FindGameObjectsWithTag("Obstacle");
  CalculateObstacles();
}
//맵상의 모든 장애물을 찾는다.
void CalculateObstacles() {
  nodes = new Node[numOfColumns, numOfRows];
  int index = 0;
  for (int i = 0; i < numOfColumns; i++) {
    for (int j = 0; j < numOfRows; j++) {
      Vector3 cellPos = GetGridCellCenter(index);
      Node node = new Node(cellPos);
      nodes[i, j] = node;
      index++;
    }
  }
  if (obstacleList != null && obstacleList.Length > 0) {
    //맵에서 발견한 각 장애물을 리스트에 기록한다.
    foreach (GameObject data in obstacleList) {
      int indexCell = GetGridIndex(data.transform.position);
      int col = GetColumn(indexCell);
      int row = GetRow(indexCell);
      nodes[row, col].MarkAsObstacle();
    }
  }
}
```

Obstacle 태그를 가진 모든 게임 오브젝트를 찾고 이를 obstacleList 속성에 추가한다. 그런 다음 CalculateObstacles 메소드에서 노드의 2차원 배열을 설정한다. 일단은 기본 속성으로 일반적인 노드 오브젝트를 생성하고 obstacleList를 조사한 후 이들의 위치를 열과 행 데이터로 변환하고 해당 인덱스의 노드를 장애물로 갱신한다.

GridManager에는 격자를 순회하고 셀 데이터를 얻기 위한 몇 개의 도우미 메소드가 있으며 다음은 그중 하나다. 구현은 간단하므로 부연 설명은 생략한다.

GetGridCellCenter 메소드는 격자 셀의 위치를 월드좌표 기준으로 반환한다. 다음 코드를 참고하자.

```
public Vector3 GetGridCellCenter(int index) {
  Vector3 cellPosition = GetGridCellPosition(index);
  cellPosition.x += (gridCellSize / 2.0f);
  cellPosition.z += (gridCellSize / 2.0f);
  return cellPosition;
}


public Vector3 GetGridCellPosition(int index) {
  int row = GetRow(index);
  int col = GetColumn(index);
  float xPosInGrid = col * gridCellSize;
  float zPosInGrid = row * gridCellSize;
  return Origin + new Vector3(xPosInGrid, 0.0f, zPosInGrid);
}
```

GetGridIndex 메소드는 주어진 좌표로부터 격자 셀 인덱스를 반환한다.

```
public int GetGridIndex(Vector3 pos) {
  if (!IsInBounds(pos)) {
    return -1;
  }
  pos -= Origin;
  int col = (int)(pos.x / gridCellSize);
  int row = (int)(pos.z / gridCellSize);
  return (row * numOfColumns + col);
}
```

```
public bool IsInBounds(Vector3 pos) {
  float width = numOfColumns * gridCellSize;
  float height = numOfRows* gridCellSize;
  return (pos.x >= Origin.x && pos.x <= Origin.x + width &&
    pos.x <= Origin.z + height && pos.z >= Origin.z);
}
```

GetRow와 GetColumn 메소드는 주어진 인덱스로부터 격자 셀의 열과 행 데이터를
반환한다.

```
public int GetRow(int index) {
  int row = index / numOfColumns;
  return row;
}


public int GetColumn(int index) {
  int col = index % numOfColumns;
  return col;
}
```

또 하나의 중요한 메소드인 GetNeighbours는 AStar 클래스는 이 메소드를 사용
해서 특정 노드의 이웃 노드들을 구한다.

```
public void GetNeighbours(Node node, ArrayList neighbors) {
  Vector3 neighborPos = node.position;
  int neighborIndex = GetGridIndex(neighborPos);

  int row = GetRow(neighborIndex);
  int column = GetColumn(neighborIndex);

  //아래
  int leftNodeRow = row - 1;
  int leftNodeColumn = column;
  AssignNeighbour(leftNodeRow, leftNodeColumn, neighbors);

  //위
  leftNodeRow = row + 1;
  leftNodeColumn = column;
  AssignNeighbour(leftNodeRow, leftNodeColumn, neighbors);
```

```
  //오른쪽
  leftNodeRow = row;
  leftNodeColumn = column + 1;
  AssignNeighbour(leftNodeRow, leftNodeColumn, neighbors);

  //왼쪽
  leftNodeRow = row;
  leftNodeColumn = column - 1;
  AssignNeighbour(leftNodeRow, leftNodeColumn, neighbors);
}

void AssignNeighbour(int row, int column, ArrayList neighbors) {
  if (row != -1 && column != -1 &&
    row < numOfRows && column < numOfColumns) {
    Node nodeToAdd = nodes[row, column];
    if (!nodeToAdd.bObstacle) {
      neighbors.Add(nodeToAdd);
    }
  }
}
```

일단 현재 노드의 왼쪽과 오른쪽, 위, 아래 4방향에 있는 이웃 노드를 가져오며,
AssignNeighbour 메소드 내부에서 장애물인지 검사한다. 만일 장애물이 아니면
해당 이웃 노드를 참조 배열 목록인 neighbors에 추가한다. 다음은 디버그를 돕
는 메소드로 격자와 장애물 블록을 시각화한다.

```
void OnDrawGizmos() {
  if (showGrid) {
    DebugDrawGrid(transform.position, numOfRows, numOfColumns,
      gridCellSize, Color.blue);
  }
  Gizmos.DrawSphere(transform.position, 0.5f);
  if (showObstacleBlocks) {
    Vector3 cellSize = new Vector3(gridCellSize, 1.0f,
      gridCellSize);
    if (obstacleList != null && obstacleList.Length > 0) {
      foreach (GameObject data in obstacleList) {
        Gizmos.DrawCube(GetGridCellCenter(
          GetGridIndex(data.transform.position)), cellSize);
```

```
        }
      }
    }
  }

  public void DebugDrawGrid(Vector3 origin, int numRows, int
    numCols,float cellSize, Color color) {
    float width = (numCols * cellSize);
    float height = (numRows * cellSize);

    //수평 격자 라인을 그린다.
    for (int i = 0; i < numRows + 1; i++) {
      Vector3 startPos = origin + i * cellSize * new Vector3(0.0f,
        0.0f, 1.0f);
      Vector3 endPos = startPos + width * new Vector3(1.0f, 0.0f,
        0.0f);
      Debug.DrawLine(startPos, endPos, color);
    }

    //수직 격자 라인을 그린다.
    for (int i = 0; i < numCols + 1; i++) {
      Vector3 startPos = origin + i * cellSize * new Vector3(1.0f,
        0.0f, 0.0f);
      Vector3 endPos = startPos + height * new Vector3(0.0f, 0.0f,
        1.0f);
      Debug.DrawLine(startPos, endPos, color);
    }
  }
}
```

기즈모Gizmo를 사용하면 편집기 씬 뷰에서 시각적 디버깅과 설정 도움을 받을 수 있다. OnDrawGizmos는 엔진에서 매 프레임을 호출한다. 따라서 디버그 플래그인 showGrid와 showObstacleBlocks가 선택된 상태면 선으로 격자를 그리고 큐브 오브젝트를 정육면체로 그린다. DebugDrawGrid 메소드는 매우 간단하므로 설명은 생략한다.

114

A* 구현 심화

AStar 클래스는 지금까지 구현한 클래스를 실제로 활용하는 핵심 클래스다. 지금까지 다룬 내용을 다시 확인하고 싶으면 알고리즘 절을 다시 살펴보자. 일단 PriorityQueue인 openList와 closedList를 선언한다. AStar.cs 파일 내용은 다음과 같다.

```
using UnityEngine;
using System.Collections;

public class AStar {
  public static PriorityQueue closedList, openList;
```

다음으로 두 노드 사이의 비용을 계산하기 위해 HeuristicEstimateCost 메소드를 구현하자. 계산은 간단하다. 하나의 위치 벡터에서 나머지를 빼면 둘 사이의 방향 벡터를 찾을 수 있으며, 이 벡터의 크기가 현재 노드와 목적지 노드 사이의 거리다.

```
private static float HeuristicEstimateCost(Node curNode,
    Node goalNode) {
  Vector3 vecCost = curNode.position - goalNode.position;
  return vecCost.magnitude;
}
```

다음은 FindPath 메소드다.

```
public static ArrayList FindPath(Node start, Node goal) {
  openList = new PriorityQueue();
  openList.Push(start);
  start.nodeTotalCost = 0.0f;
  start.estimatedCost = HeuristicEstimateCost(start, goal);

  closedList = new PriorityQueue();
  Node node = null;
```

열린 리스트와 닫힌 리스트를 초기화하고 시작 노트부터 시작하면서 이를 열린 리스트에 넣는다. 그런 후 열린 리스트를 대상으로 처리를 시작한다.

```
while (openList.Length != 0) {
  node = openList.First();
  //현재 노드가 목적지 노드인지 확인한다.
  if (node.position == goal.position) {
    return CalculatePath(node);
  }

  //이웃 노드를 저장하기 위해 ArrayList를 생성한다.
  ArrayList neighbours = new ArrayList();

  GridManager.instance.GetNeighbours(node, neighbours);

  for (int i = 0; i < neighbours.Count; i++) {
    Node neighbourNode = (Node)neighbours[i];

    if (!closedList.Contains(neighbourNode)) {
      float cost = HeuristicEstimateCost(node,
        neighbourNode);

      float totalCost = node.nodeTotalCost + cost;
      float neighbourNodeEstCost = HeuristicEstimateCost(
        neighbourNode, goal);

      neighbourNode.nodeTotalCost = totalCost;
      neighbourNode.parent = node;
      neighbourNode.estimatedCost = totalCost +
        neighbourNodeEstCost;

      if (!openList.Contains(neighbourNode)) {
        openList.Push(neighbourNode);
      }
    }
  }
  //현재 노드를 closedList에 추가한다.
  closedList.Push(node);
  //그리고 openList에서는 제거한다.
  openList.Remove(node);
```

```
}

if (node.position != goal.position) {
  Debug.LogError("Goal Not Found");
  return null;
}
return CalculatePath(node);
}
```

코드 구현은 이전에 논의한 알고리즘과 비슷하므로 아직 확실히 이해하지 못했으면 이진에 다룬 내용을 다시 살펴보자. 다음 과정을 따라 진행하사.

1. openList에서 첫 노드를 가져온다. openList의 노드는 항상 정렬된 상태임을 기억하자. 따라서 첫 노드는 항상 목적지 노드까지의 추정 비용이 가장 적다.

2. 현재 노드가 이미 목적지 노드인지 검사한다. 만일 그렇다면 while 반복문을 탈출하고 path 배열을 만든다.

3. 현재 노드의 이웃 노드를 저장할 배열 리스트를 생성한다. 격자에서 이웃을 가져오기 위해서는 GetNeighbours 메소드를 사용한다.

4. 이웃 배열의 모든 노드에 대해 이미 closedList에 있는지 검사한다. 만일 closedList에 없다면 비용을 계산하고 노드 속성을 새로 계산한 값으로 부모 노드 데이터와 함께 갱신하고 openList에 추가한다.

5. 현재 노드를 closedList에 넣고 이를 openList에서 제거한다. 그리고 1단계로 돌아간다.

openList에 더 이상 노드가 없고 유효한 경로가 존재한다면 현재 노드는 대상 노드 위치에 놓인다. 그러면 이제 현재 노드를 매개변수로 CalculatePath 메소드를 호출만 하면 된다.

```
private static ArrayList CalculatePath(Node node) {
  ArrayList list = new ArrayList();
  while (node != null) {
    list.Add(node);
    node = node.parent;
```

```
    }
    list.Reverse();
    return list;
  }
}
```

CalculatePath 메소드는 각 노드의 부모 노드 오브젝트를 추적해 배열 리스트를
만든다. 리스트는 대상 노드로부터 시작 노트까지의 배열 목록이다. 실제 필요한
건 시작 노드부터 대상 노드까지의 경로 배열이므로 Reverse 메소드를 호출하면
된다.

지금까지 AStar 클래스를 살펴봤다. 이제 테스트 스크립트를 작성해서 이 모든 기
능을 시험해보기로 하자.

TestCode 클래스 구현

이 클래스는 AStar 클래스를 사용해서 시작 노드부터 목적지 노드까지의 경로를
찾는다. 다음은 TestCode.cs 파일의 내용이다.

```
using UnityEngine;
using System.Collections;

public class TestCode : MonoBehaviour {
  private Transform startPos, endPos;
  public Node startNode { get; set; }
  public Node goalNode { get; set; }

  public ArrayList pathArray;

  GameObject objStartCube, objEndCube;
  private float elapsedTime = 0.0f;
  //경로탐색 사이의 시간 간격
  public float intervalTime = 1.0f;
```

일단 참조해야 하는 변수를 설정하자. pathArray는 AStar의 FindPath 메소드가
반환하는 노드 배열을 저장하는 데 사용한다.

```
void Start () {
  objStartCube = GameObject.FindGameObjectWithTag("Start");
  objEndCube = GameObject.FindGameObjectWithTag("End");

  pathArray = new ArrayList();
  FindPath();
}

void Update () {
  elapsedTime += Time.deltaTime;
  if (elapsedTime >= intervalTime) {
    elapsedTime = 0.0f;
    FindPath();
  }
}
```

Start 메소드에서는 Start와 End 태그를 가진 오브젝트를 찾으며 pathArray 배열도 초기화한다. 시작과 도착 노드의 위치가 변경된 경우 intervalTime 속성에서 정의한 주기마다 새로운 경로를 탐색한다. 그런 다음 FindPath 메소드를 호출한다.

```
void FindPath() {
  startPos = objStartCube.transform;
  endPos = objEndCube.transform;

  startNode = new Node(GridManager.instance.GetGridCellCenter(
    GridManager.instance.GetGridIndex(startPos.position)));

  goalNode = new Node(GridManager.instance.GetGridCellCenter(
    GridManager.instance.GetGridIndex(endPos.position)));

  pathArray = AStar.FindPath(startNode, goalNode);
}
```

경로탐색 알고리즘을 AStar 클래스에 구현한 덕분에 이제 경로탐색이 한결 쉬워졌다. 일단 시작과 도착 게임 오브젝트를 가져온 후 GridManager, GetGridIndex 메소드를 사용해서 격자 내에서의 각각의 행과 열의 인덱스를 계산하고 이를 사용해서 새로운 Node 오브젝트를 생성한다. 이후 시작 노드와 도착 노드 정보를 가지고 AStar.FindPath 메소드를 호출한 후 결과로 반환된 배열 목록을 지역 변수 pathArray에 저장한다. 다음으로 찾은 경로를 시각적으로 보여주기 위한 OnDrawGizmos 메소드를 구현해보자.

```
void OnDrawGizmos() {
  if (pathArray == null)
    return;

  if (pathArray.Count > 0) {
    int index = 1;
    foreach (Node node in pathArray) {
      if (index < pathArray.Count) {
        Node nextNode = (Node)pathArray[index];
        Debug.DrawLine(node.position, nextNode.position,
          Color.green);
        index++;
      }
    }
  }
}
```

Debug.DrawLine 메소드는 pathArray 배열의 정보를 순회하며 각 노드를 연결하는 선을 그린다. 이제 프로그램을 실행하고 테스트를 하면 시작부터 도착 지점까지의 각 노드를 연결하는 녹색 선을 볼 수 있다.

씬 설정

이제 다음 스크린샷처럼 생긴 씬을 하나 설정하려고 한다.

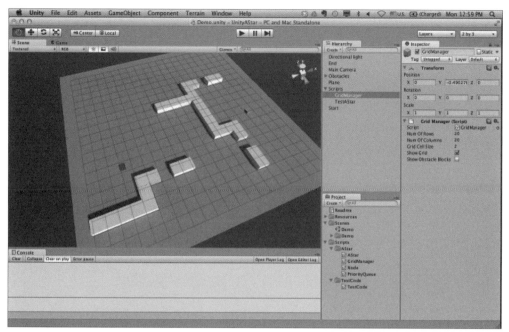

▲ 예제 테스트 씬

씬에는 방향성 광원, 시작과 도착 게임 오브젝트, 몇 개의 장애물 오브젝트, 바닥으로 사용하는 Plane 개체, GridManager와 TestAStar 스크립트를 위한 두 개의 빈 게임 오브젝트가 있다. 다음은 씬 계층도다.

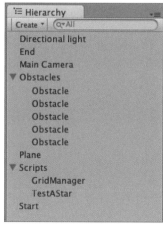

▲ 씬 계층도

한 묶음의 큐브 개체를 생성하고 태그를 Obstacle로 달아주자. 나중에 경로탐색 알고리즘을 수행할 때 이 태그를 사용해 장애물 오브젝트를 찾을 예정이다.

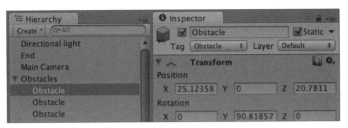

▲ 장애물 노드

큐브 개체를 생성하고 Start로 태그한다.

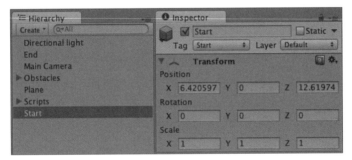

▲ Start 노드

또 하나의 큐브 개체를 생성하고 End로 태그한다.

▲ End 노드

이제 빈 게임 오브젝트를 생성하고 GridManager 스크립트를 연결하자. 나중에 스크립트에서 GridManager 오브젝트를 찾을 때 사용하기 위해 이름은 GridManager로 동일하게 부여하자. 여기에서 격자의 열과 행의 수를 설정하고 각 타일의 크기도 정한다.

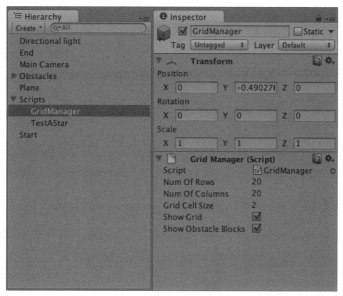

▲ GridManager 스크립트

모든 컴포넌트 테스팅

Play 버튼을 눌러 A* 경로탐색 알고리즘의 동작을 확인해보자. 기본적으로 유니티 3D에서 씬을 플레이하면 Game 뷰로 전환된다. 길 찾기를 시각적으로 보여주는 기능은 디버그를 위한 목적으로 편집기 뷰 상태에서 그리도록 했으므로 다시 Scene 뷰로 돌아오거나 기즈모를 활성화해야 눈으로 볼 수 있다.

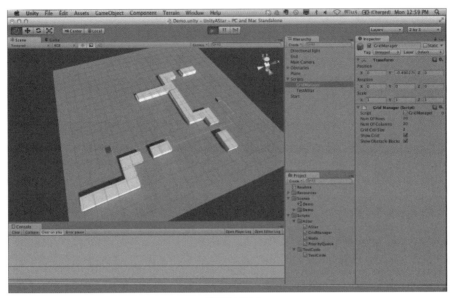

▲ 찾아낸 경로 1

이제 편집기의 이동 기즈모를 사용해 시작과 도착 노드를 이리저리 움직여보자. 물론 Game 뷰가 아닌 Scene 뷰에서 해야 한다.

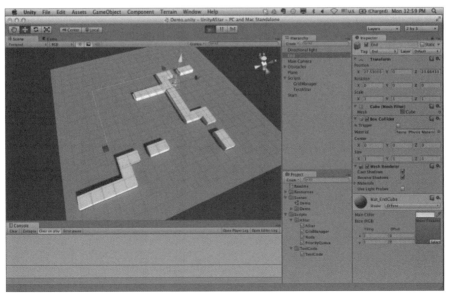

▲ 찾아낸 경로 2

시작 지점에서 도착 지점으로 가는 유효한 경로가 존재한다면 그에 맞는 경로가 실시간으로 갱신되는 걸 확인할 수 있다. 만일 유효한 경로가 없으면 콘솔 윈도우에 오류 메시지가 출력되는 걸 보게 된다.

내비게이션 메시

다음으로, 유니티의 내장 내비게이션 메시 생성기를 사용해 인공지능 에이전트의 길 찾기를 한결 쉽게 만드는 방법을 알아보자. 유니티 5에 들어오면서 NavMesh는 모든 사용자가 사용할 수 있게 됐다. 예전에는 유니티 프로에서만 사용할 수 있는 기능이던 NavMesh는 유니티 개인용 버전에서도 사용 가능하다. 이는 2장에서 간단히 언급한 적이 있던 내용인데, 지금부터 제대로 살펴보자. 인공지능 경로탐색을 할 때는 특정한 형태로 씬을 표현해야 한다. 2차원 맵에서 A* 경로탐색을할 때는 2차원 격자 배열을 사용했다. 인공지능 에이전트는 어디에 장애물이 있는지 알아야 한다. 이때 장애물이란 움직이지 않는 장애물을 의미하며 동적으로 움직이는 장애물은 전혀 다른 주제로 조향 행위와 관련이 있다. 유니티는 인공지능 에이전트가 목적지로 가는 최적의 경로를 찾을 때 사용하는 씬 구성 데이터인 NavMesh를 생성하는 내장 내비게이션 기능을 포함하고 있다. 8장에서 제공하는 유니티 프로젝트는 4개의 씬을 포함한다. 유니티에서 해당 프로젝트를 열어 실행해보면 앞으로 만들 기능에 대한 이해도를 높일 수 있다. 이 예제 프로젝트를 사용해서 NavMesh의 생성 방법을 살펴보고 이를 활용해 인공지능 에이전트가 씬 내부에서 경로를 찾도록 해보자.

맵 설정

일단 다음 그림처럼 생긴 간단한 씬을 구성하자.

▲ 장애물이 있는 씬

이 씬은 NavMesh01-Simple.scene 예제 프로젝트의 첫 번째 씬이다. 바닥 오브젝트는 plane으로 만들고 벽 오브젝트는 몇 개의 큐브 개체를 사용해서 만들자. 나중에는 인공지능 에이전트로 탱크도 함께 넣어 실시간 전략 시뮬레이션RTS 게임처럼 마우스를 클릭해서 움직이게 할 생각이다.

Navigation Static

일단 벽과 바닥을 추가한 후에는 이들을 반드시 Navigation Static으로 만들어야 한다. 그래야만 NavMesh 생성기가 해당 오브젝트들이 피해야 하는 장애물임을 인지할 수 있다. 이를 위해 장애물에 해당하는 모든 오브젝트를 선택한 후 Static 버튼을 누르고 Navigation Static을 다음 그림처럼 선택하면 된다.

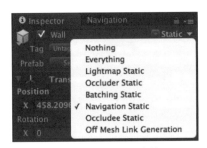

▲ Navigation Static 속성

내비게이션 메시 베이킹

이제 씬 구성은 마쳤으니 NavMesh를 베이크bake하자. 우선 내비게이션 창을 열어야 한다. Window ➤ Navigation을 선택하면 다음과 같은 창이 뜨는 걸 확인할 수 있다. 내비게이션 창은 3개의 영역으로 구분된다. 일단, Object는 다음 스크린샷과 같다.

▲ Navigation 오브젝트 창

내비게이션 창의 Object 탭은 단지 오브젝트를 선택하고 내비게이션과 관련이 있는 속성을 수정하기 위한 단축 경로다. Screen Filter 옵션인 All, Mesh Renderers, Terrains 간의 토글을 처리하고 그에 맞춰 계층 구조에서 오브젝트를 필터링해 쉽게 오브젝트를 선택해 Navigation Area 설정과 더불어 Navigation Static과 Generate OffMeshLinks 플래그를 변경하게 도와준다.

두 번째 탭은 Bake 탭으로 다음 스크린샷처럼 생겼다.

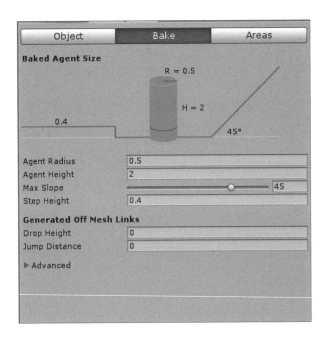

유니티 5가 나오기 전에 이 탭을 본 적이 있다면 조금 변경된 모습을 확인할 수 있다. 유니티 5에는 각 설정이 정확히 어떻게 되는지 볼 수 있도록 시각화가 추가됐다. 각 설정이 대해 간단히 살펴보자.

- Agent Radius: 유니티 문서를 보면 이를 NavMesh 에이전트의 '개인적 영역'으로 표현하고 있다. 에이전트는 다른 오브젝트를 피해야 할 때 이 반지름을 사용한다.
- Agent Height: 이 값은 장애물 아래로 지나가야 하는 등의 상황에서 높이를 판단할 때 사용하며 기본적으로 반지름과 비슷한 성격을 가진다.
- Max Slope: 에이전트가 걸어서 올라갈 수 있는 최대 경사로, 이 값보다 더 큰 경사는 올라가지 못한다.
- Step Height: 에이전트는 이 값 이하의 장애물을 넘어갈 수 있다.

두 번째 카테고리의 값들은 NavMesh를 구성할 때 Generate OffMeshLinks에 체크를 했을 때만 적용된다. 이는 물리적인 거리로 인한 간격이 존재할 때 잠재적으로 에이전트가 NavMesh를 지나갈 수 있다는 의미다.

- Drop Height: 이는 에이전트가 뛰어내릴 수 있는 높이를 의미한다. 절벽 같은 지형을 떠올려보면 된다.
- Jump Distance: 이는 오프메시 링크 간에 에이전트가 뛰어서 건널 수 있는 거리를 의미한다.

3번째와 마지막 매개변수는 일반적으로 변경할 필요가 없다.

- Manual Voxel Size: 유니티의 NavMesh 구현은 3D 화소에 의존한다. 이 설정을 사용하면 NavMesh 생성의 정밀도를 늘릴 수 있다. 값이 작으면 좀 더 정확하며 값이 크면 덜 정확한 대신 빠르다.
- Min Region Area: 이 크기보다 작은 영역은 잘려나가고 무시된다.
- Height Mesh: 런타임 실행 가는 수준의 처리 비용으로 에이전트의 수직 위치를 섬세하게 조절하도록 해준다.

3번째이자 마지막인 Areas 탭은 다음 스크린샷과 같다.

기억이 난다면 Object 탭을 사용해서 특정 오브젝트를 원하는 지역에 배치할 수 있었다. 예를 들어, 풀이나 모래, 물 등을 배치할 수 있다. 그런 후 지역에 대한 정보를 에이전트가 알도록 하면 지나갈 수 있는 곳과 없는 곳을 처리할 수 있다. 비용 매개변수는 이동 경로를 설정하는 데 영향을 미친다. 당연히 에이진드는 가능한 비용이 적게 드는 경로를 선택하려고 시도한다.

예제는 계속 단순한 형태를 유지하겠지만 지금부터는 다양한 설정에 대한 시도를 해보자. 기본값을 그대로 둔 상태에서 창 하단에 있는 **Bake** 버튼을 클릭하면 씬에 대한 NavMesh를 굽는 프로그레스바를 볼 수 있다. 그리고 잠시 후 다음 다이어그램과 같은 NavMesh를 씬에서 보게 된다.

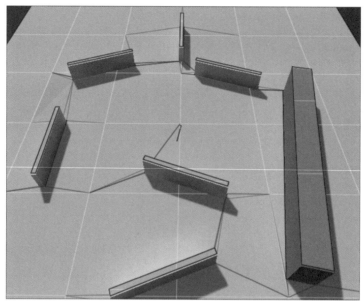

▲ 구워진 내비게이션 메시

NavMesh 에이전트 사용

드디어 아주 간단한 씬 설정을 마쳤다. 이제 인공지능 에이전트를 몇 개 추가하고 동작을 살펴보자. 여기에서는 탱크 모델을 사용할 예정인데, 지금 자신이 직접 구성한 씬에서 작업 중이며 탱크 모델을 가지고 있지 않다면 그냥 큐브나 구 등을 사용해도 동작에는 전혀 지장이 없다.

▲ 탱크 개체

다음 단계는 탱크 개체에 `NavMeshAgent` 컴포넌트를 추가하는 일이다. 이 컴포넌트는 길 찾기를 정말 쉽게 만들어준다. 유니티가 모든 처리를 대신 해주기 때문에 직접 길 찾기 알고리즘을 구현하지 않아도 된다. 단지 런타임에 `destination` 프로퍼티만 설정하면 인공지능 에이전트가 자동으로 길을 찾아간다.

Component ➤ Navigation ➤ Nav Mesh Agent로 이동하면 이 컴포넌트를 추가할 수 있다.

▼ ⚡ ☑ Nav Mesh Agent	🔲 ✿,
Agent Size	
Radius	0.5
Height	1
Base Offset	0.5
Steering	
Speed	3.5
Angular Speed	120
Acceleration	8
Stopping Distance	0
Auto Braking	☑
Obstacle Avoidance	
Quality	High Quality ▲▼
Priority	50
Path Finding	
Auto Traverse Off Mesh	☑
Auto Repath	☑
Area Mask	Everything ▲▼

▲ Nav Mesh 에이전트 프로퍼티

대상 설정

이제 인공지능 에이전트 설정은 마쳤고 이 에이전트로 해금 어디로 이동할지 알려줄 방법이 필요하다. 그리고 마우스가 클릭된 위치로 우리의 탱크가 이동하도록 목적지도 갱신해야 한다.

이를 위해, 마커 오브젝트로 사용할 구 개체를 추가하고 다음 Target.cs 스크립트를 빈 게임 오브젝트에 연결하자. 이 구 개체를 인스펙터 내에 있는 스크립트의 targetMarker 트랜스폼 프로퍼티로 끌어다 놓자.

Target 클래스

이 클래스는 다음 3가지 일을 한다.

- 레이$_{ray}$를 사용해 마우스 클릭 위치를 얻는다.
- 마커 포지션을 갱신한다.
- 모든 NavMesh 에이전트의 목적지 속성을 갱신한다.

다음은 이 클래스 내의 코드다.

```
using UnityEngine;
using System.Collections;

public class Target : MonoBehaviour {
  private NavMeshAgent[] navAgents;
  public Transform targetMarker;

  void Start() {
    navAgents = FindObjectsOfType(typeof(NavMeshAgent)) as
      NavMeshAgent[];
  }
```

```
void UpdateTargets(Vector3 targetPosition) {
  foreach (NavMeshAgent agent in navAgents) {
    agent.destination = targetPosition;
  }
}

void Update() {
  int button = 0;

  //마우스가 클릭되면 충돌 지점을 얻는다.
  if(Input.GetMouseButtonDown(button)) {
    Ray ray = Camera.main.ScreenPointToRay(
      Input.mousePosition);

    RaycastHit hitInfo;

    if (Physics.Raycast(ray.origin, ray.direction,
        out hitInfo)) {
    Vector3 targetPosition = hitInfo.point;
    UpdateTargets(targetPosition);
    targetMarker.position = targetPosition +
      new Vector3(0,5,0);
    }
  }
}
```

게임을 시작하면 모든 NavMeshAgent 타입 개체를 찾아서 이를 NavMeshAgent 배열에 저장한다. 마우스 클릭 이벤트가 발생하면 간단히 레이캐스트로 광선과 충돌한 첫 오브젝트를 찾는다. 광선이 오브젝트와 충돌하면 마커의 위치를 갱신하고 각 NavMesh 에이전트의 destination 속성을 새로운 위치로 갱신한다. 8장 전체에 걸쳐 인공지능 에이전트에게 목표 지점을 알려줄 때 이 스크립트를 사용할 예정이다.

이제 씬을 실행하고 마우스를 클릭해 탱크를 이동시켜보자. 탱크는 벽 같은 장애물을 피해가며 마우스를 클릭한 지점으로 최대한 가까이 접근한다.

경사 테스트

다음 그림과 같이 경사가 있는 씬을 하나 구성하자.

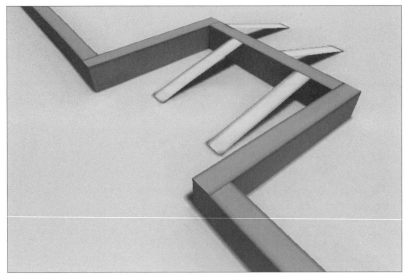

▲ 경사가 있는 씬

한 가지 중요한 점은 경사면과 벽이 서로 맞닿아 있어야 한다는 사실이다. 나중에 NavMesh를 생성할 목적이라면 오브젝트끼리 완벽하게 연결된 상태여야 한다. 그렇지 않으면 NavMesh에 빈틈이 생겨서 에이전트가 제대로 경로를 찾을 수 없게 된다. 일단 지금은 빈틈이 생기지 않게 경사면을 제대로 연결하자.

▲ 잘 연결된 경사

다음으로, Navigation 윈도우의 Bake 탭에 있는 `Max Slope` 속성을 조절하면 에이전트가 지나갈 경사면의 수준을 결정할 수 있다. 여기에서는 45도를 사용하자. 만일 더 경사가 가파르다면 `Max Slope`의 값을 더 크게 해야 한다.

씬을 베이크하면 NavMesh가 다음 그림처럼 생성되는 걸 확인할 수 있다.

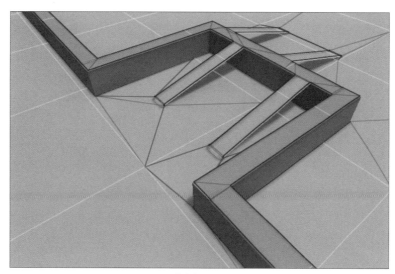

▲ 생성된 NavMesh

다음으로, NavMesh Agent 컴포넌트를 가진 탱크를 몇 대 배치하고 큐브 오브젝트를 새로 하나 생성해서 목적지를 참조하는 용도로 사용하자. 기존에 만든 Target. cs 스크립트는 인공지능 에이전트의 destination 속성을 갱신하는 데 사용하자. 씬을 테스트로 실행하면 인공지능 에이전트가 경사면을 건너 목적지에 도착하는 모습을 확인할 수 있다.

영역 탐색

복잡한 지형을 가진 게임에서는 일반적으로 좀 더 지나가기 쉽거나 어려운 다양한 지형이 존재한다. 예를 들면 다리를 건너는 일보다 웅덩이나 호수를 건너는 일은 더 어렵기 마련이다. 비록 웅덩이를 거쳐가는 경로가 직선거리로는 가장 짧다고 해도 다리를 건너 이동하는 선택이 좀 더 상식적이다. 달리 말하자면 웅덩이를 건너는 선택이 다리를 건너는 선택보다 좀 더 비싼 탐색 비용이 든다는 의미다. 이 절에서는 서로 다른 탐색 비용을 가지는 레이어를 정의하는 방법인 NavMesh 영역을 살펴보자.

다음 그림과 같은 씬을 생성해보자.

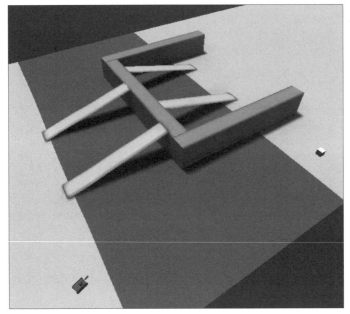

▲ 레이어를 가진 씬

이 씬에는 다리처럼 생긴 구조물로 연결된 두 개의 바닥 평면과 그 사이에 있는 물 평면 하나가 있다. 그림에서 보다시피 탱크가 목적지로 이동하는 최단 경로는 물을 가로질러 가는 길이다. 하지만 우리는 인공지능 에이전트가 불가피한 상황이 아니라면 가급적 물을 직접 건너기보다는 다리를 이용해 건너기를 바란다.

씬 계층도는 다음 스크린샷처럼 생겼다. 게임 레벨은 바닥과 경사면, 물로 구성했다. 탱크 개체와 Target.cs가 연결된 목적지를 나타내는 큐브도 포함한다.

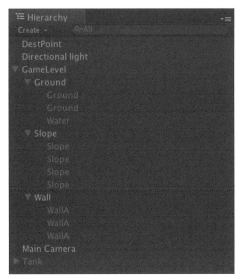

▲ 씬 계층도

앞에서 살펴본 것처럼 NavMesh 영역은 Navigation 창의 Areas 탭에서 편집할 수 있다.

유니티는 기본적으로 Default와 Not Walkable, Jump 이렇게 3개의 레이어를 제공하며 각기 다른 비용을 가진다. 이제 Water라는 새 레이어를 추가하고 비용은 5로 설정하자.

다음으로, 물 평면을 선택하고 Navigation 윈도우로 이동한 후 Object 탭에서 Navigation Area를 Water로 설정한다.

▲ 물 영역

씬의 NavMesh를 베이크한 후 테스트로 실행해보면 이제는 인공지능 에이진드가 물이 아닌 경사면을 통해 이동하는 모습을 확인할 수 있다. 이는 물을 건너는 비용이 더 비싸기 때문이다. 실험을 위해 목적지점을 물 위에 두면 인공지능 에이전트가 계속 물로만 이동하지 않고 때로는 해변으로 헤엄쳐 돌아와서 다리를 건너는 모습도 확인할 수 있다.

Off Mesh Link 의미

가끔은 씬 내부에 간격이 벌어진 곳이 있어서 내비게이션 메시의 연결이 끊기기도 한다. 예를 들면 이전 예제에서 경사면이 벽과 완전히 연결된 상태가 아니면 에이전트가 길을 찾을 수 없다. 유니티는 이런 간격을 연결하는 기능으로 Off Mesh Link를 제공한다. Off Mesh Link는 수동으로 직접 설정할 수도 있고 유니티의 NavMesh 생성기를 사용해 자동으로 만들 수도 있다.

예제를 만들어가면서 구체적인 내용을 살펴보자. 다음 그림을 보면 두 평면 사이에 작은 간격이 존재한다. 이제부터 Off Mesh Link를 사용해 두 평면을 연결해보자.

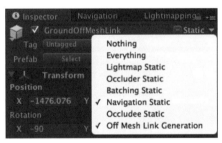

▲ Off Mesh Link를 가진 씬

생성된 Off Mesh Link 사용

일단 두 평면을 연결하기 위해 자동으로 생성되는 Off Mesh Link를 사용해보자. 일단은 다음 스크린샷처럼 연결할 두 평면을 속성 인스펙터에서 Off Mesh Link Generation 스태틱static으로 표시해야 한다.

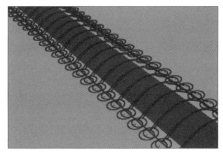

▲ Off Mesh Link Generation 스태틱

Off Mesh Links를 자동생성하기 위해 앞에서 살펴본 Navigation 창의 Bake 탭에서 거리 한계치를 설정할 수 있다.

Bake를 클릭하고 나면 다음 그림처럼 두 평면을 연결하는 Off Mesh Link들을 볼 수 있다.

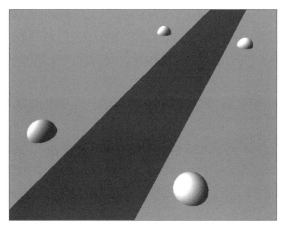

▲ 생성된 Off Mesh Link들

이제 인공지능 에이전트는 두 평면 사이를 가로질러 이동할 수 있다. 에이전트가 각 평면의 가장자리에서 Off Mesh Link를 발견하면 다른 평면으로 이동한다. 물론 이렇게 떨어진 평면을 이동하도록 만드는 처리가 원하는 동작이 아니라면 두 평면을 다리로 연결하는 편이 더 낫다.

수동 Off Mesh Link 설정

경계를 따라서 Off Mesh Link들을 생성하지 않고 에이전트가 한 평면의 특정 지점에서 다른 평면의 특정 지점으로 텔레포트 하게 만들려면 수동으로 Off Mesh Link들을 설정할 수 있다.

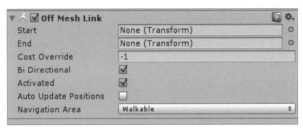

▲ 수동 Off Mesh Link 설정

이는 제법 간격이 벌어진 두 평면을 가진 씬이다. 여기에 두 쌍의 구체 개체를 평면 양측에 설치한다. 구를 선택하고 Component > Navigation > Off Mesh Link 메뉴로 이동해서 한쪽 구체에만 Off Mesh Link를 추가하자. 그런 다음 첫 번째 구를 끌어다가 Start 속성에 놓고 다른 구는 End 속성에 끌어다 놓는다.

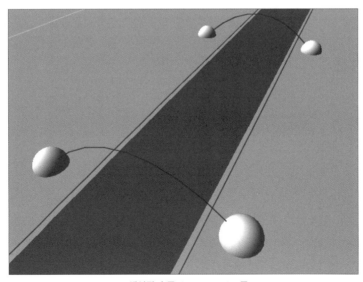

▲ 생성된 수동 Off Mesh Link들

Navigation 창으로 이동해서 씬을 베이크하면 이제 간격이 벌어진 두 평면은 수동으로 설정한 Off Mesh Links로 연결되어 인공지능 에이전트가 이동할 수 있다.

요약

4장에서는 생각보다 많은 내용을 살펴봤다. 간단한 웨이포인트 기반의 방식으로 시작해서 직접 간단한 A* 길 찾기 시스템을 만드는 방법을 살펴봤고 마지막으로는 유니티의 내장 기능인 내비게이션 시스템까지 다뤘다. 물론 다수의 개발자는 간결하다는 장점을 가진 유니티의 NavMesh 시스템을 선택할 가능성이 크지만 일부는 섬세한 제어를 위해 직접 A* 길 찾기 구현을 할 수도 있다. 목적과 용도에 따라 그에 맞는 시스템을 결정할 수 있는 능력이 중요하다.

4장에서는 이 책의 앞부분에 다뤘던 일부 내용과의 연동에 관해서도 설명했다.

5장 군집 처리에서는 개념을 조금 더 확장해 하나의 무리를 동시에 이동시킬 때 필요한 기법을 살펴볼 예정이다. 당연히 성능에 대한 고려도 포함한다.

5
군집 처리

군집 처리는 이 책에서 다룰 또 하나의 특별한 주제다. 다행히도 소수의 무리에 대한 처리는 구현이 매우 간단하며 단 몇 줄의 코드만으로도 현실감을 부여할 수 있지만, 군집은 이보다는 좀 더 복잡하다. 하지만 유니티가 제공하는 도구의 도움을 받는다면 조금은 쉽게 처리할 수 있다. 5장에서 다룰 주제는 다음과 같다.

- 군집 처리의 역사
- 군집 개념의 배경 이해
- 유니티를 사용한 군집 처리
- 전통 알고리즘을 사용한 군집 처리
- 사실감 있는 군집 처리

군집 처리의 기원

군집 처리 알고리즘의 역사는 80년대 중반으로 거슬러 올라간다. 처음 개발한 사람은 크레이그 레이놀즈Craig Reynolds로, 영화 제작을 목적으로 개발했으며, 가장 유명한 활용 사례는 1992년 오스카Oscar 수상작인 《배트맨 리턴즈Batman Returns》에서의 박쥐떼 연출이었다. 그 이후로 군집 처리 알고리즘은 영화와 게임, 과학 분야에 널리 적용되기 시작했다. 매우 효율적이고 정교함에도 불구하고 알고리즘은 이해하고 구현하기에 매우 간단하다.

군집 처리 개념의 배경 이해

군집 처리를 실제 생명체의 행동과 관련지어서 생각하면 이해가 쉽다. 이름만 들어도 개념에 대해 상상을 할 수 있듯, 인공지능을 가진 개체가 무리를 지어 이동하는 처리에 관한 내용이다. 군집 처리 알고리즘은 새가 하나의 목적지를 향해 함께 날아갈 때 서로 간에 일정한 거리를 유지하는 것에 착안해 개발됐다. 우리는 지금까지 개별 에이전트가 이동하고 의사결정을 내리는 것에 대해 살펴봤지만 그룹 형태를 처리할 때는 우연성이나 사전에 정의된 경로에 의존하지 않고 그룹 내의 개별 개체가 고유한 움직임을 보이도록 해야 한다. 이때 중요한 점은 처리할 개체가 많으므로 연산 효율이 높은 방식이어야 한다는 사실이다.

5장에서는 두 가지 방식으로 군집 처리를 구현할 예정이다. 첫 번째 방식은 Tropical Paradise Island 데모 프로젝트에 있는 예제 군집 행동에 기반을 둔다. 이 데모는 유니티 버전 2.0 때 제공된 것으로 3.0부터는 제거됐는데 이 예제를 유니티 5 프로젝트로 변환해보자. 두 번째 예제는 크레이그 레이놀즈의 군집 처리 알고리즘을 기반으로 한다. 예제를 따라가다 보면 유사한 부분도 있고 차이가 나는 부분도 있을 텐데 이 알고리즘은 다음의 3가지 주요 개념을 기반으로 동작한다.

- **분산**: 그룹 내의 개별 개체 간에 일정 거리를 유지하도록 해 충돌을 방지하는 개념으로 다음 그림을 참고하자.

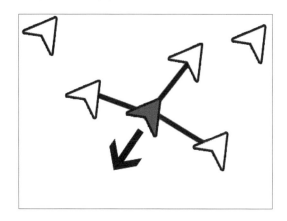

여기에서 가운데 있는 개체는 이동하는 방향은 유지한 상태에서 나머지 개체로부터 떨어지는 이동을 보여준다.

- **정렬**: 무리와 같은 방향, 같은 속도로 이동하는 개념을 의미한다. 다음 그림을 참고하자.

이 그림에서 가운데 있는 개체는 무리의 나머지와 방향을 일치시키기 위해 향하는 방향을 전환하는 모습이다.

- **응집**: 무리의 중심에 대해 일성 거리를 유지하는 개념을 의미한다. 다음 그림을 참고하자.

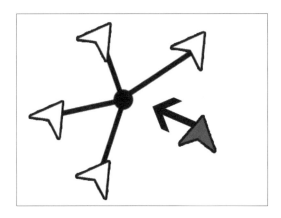

중심으로부터 오른쪽으로 일정 거리 이상 벗어난 개체가 다시 일정 거리 이내로 들어오기 위해 좌측으로 이동하는 모습

유니티 예제를 사용한 군집 처리

이 절에서 우리는 직접 오브젝트의 군집 처리를 하는 씬을 생성하고 C#을 사용해서 군집 행동을 구현할 예정이다. 이 예제에는 2개의 주요 컴포넌트가 있는데 하나는 개별 개체의 행동이고 나머지는 군집을 유지하고 끌고 가는 메인 컨트롤러다.

씬 계층 구조는 옆 페이지의 스크린샷과 같다.

보다시피 다수의 개체 UnityFlock이 UnityFlockController 하위에 존재한다. UnityFlock 개체는 독립적으로 움직이며 부모인 UnityFlockController 개체를 리더로서 참조한다. UnityFlockController 개체는 현재 목적지에 도달하면 이어서 임의로 다음 목적지를 갱신한다.

UnityFlock은 단 하나의 큐브 메시와 UnityFlock 스크립트를 가진 프리팹이다. 새처럼 보이게 만들고 싶다면 다른 메시를 사용해도 상관없다.

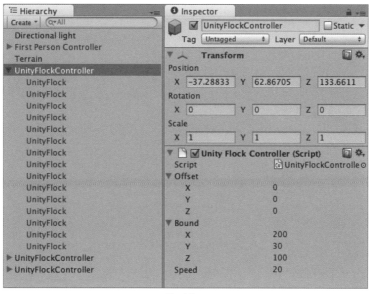

▲ 씬 계층 구조

개별 행동 흉내내기

Boid는 크레이그 레이놀즈가 만들어 낸 용어로 새처럼 움직이는 오브젝트를 의미한다. 이 용어는 군집 속에 속한 개별 오브젝트를 가리키는 용도로 사용한다. 이제부터는 이 개별 개체의 행동을 구현해보자. 다음 스크립트는 UnityFlock.cs에 있는 내용으로 군집 속의 개별 개체에 대한 행동 제어를 수행한다.

UnityFlock.cs 파일 내의 코드는 다음과 같다.

```
using UnityEngine;
using System.Collections;

public class UnityFlock : MonoBehaviour {
  public float minSpeed = 20.0f;
  public float turnSpeed = 20.0f;
  public float randomFreq = 20.0f;
  public float randomForce = 20.0f;

  //정렬 관련 변수
  public float toOriginForce = 50.0f;
```

```
public float toOriginRange = 100.0f;

public float gravity = 2.0f;

//분산 관련 변수
public float avoidanceRadius = 50.0f;
public float avoidanceForce = 20.0f;

//응집 관련 변수
public float followVelocity = 4.0f;
public float followRadius = 40.0f;

//개별 재체의 이동과 관련된 변수
private Transform origin;
private Vector3 velocity;
private Vector3 normalizedVelocity;
private Vector3 randomPush;
private Vector3 originPush;
private Transform[] objects;
private UnityFlock[] otherFlocks;
private Transform transformComponent;
```

정렬과 관련된 입력 값은 에디터에서 설정하고 변경할 수 있다. 일단 최소 이동 속도인 minSpeed가 있고 회전 속도인 turnSpeed가 있다. randomFreq 값은 얼마나 자주 randomForce 값에 기반해 randomPush 값을 갱신하는지를 결정하는 데 사용한다. 이 힘은 임의로 속도를 늘리고 줄이면서 군집의 움직임에 사실감을 더한다.

toOriginRange 값은 군집의 흩어짐 정도를 결정한다. 또한 toOriginForce 값을 사용하면 군집의 중심으로부터 일정 범위 내에 유지시키도록 할 수 있다. 기본적으로 이 속성들은 군집 처리 알고리즘의 정렬 규칙 동작에 관여한다. avoidanceRadius와 avoidanceForce 속성은 개별 개체 간의 최소 거리를 유지하는 데 사용된다. 이 속성들은 군집의 분산 처리 규칙에 적용된다.

followRadius와 followVelocity 값은 군집의 리더 또는 군집의 중심 위치와의 최소 거리를 유지하는 용도로 사용된다. 이 속성들은 군집 처리의 응집 규칙에 적용된다.

origin은 군집 오브젝트 전체 그룹을 제어하는 부모 오브젝트다. boid는 무리 안에 있는 다른 boid에 대해 알고 있어야 하므로 objects와 otherFlocks 속성을 사용해서 이웃 boid들의 정보를 저장하는 데 사용하자.

다음은 boid의 초기화 메소드다.

```
void Start () {
  randomFreq = 1.0f / randomFreq;

  //parent를 origin에 할당한다.
  origin = transform.parent;

  //군집 트랜스폼
  transformComponent = transform;

  //임시 컴포넌트
  Component[] tempFlocks= null;

  //그룹 내의 부모 트랜스폼으로부터 모든 유니티 군집 컴포넌트를 얻는다.
  if (transform.parent) {
    tempFlocks = transform.parent.GetComponentsInChildren
    <UnityFlock>();
  }

  //그룹 내의 모든 군집 오브젝트를 할당하고 저장한다.
  objects = new Transform[tempFlocks.Length];
  otherFlocks = new UnityFlock[tempFlocks.Length];

  for (int i = 0;i<tempFlocks.Length;i++) {
    objects[i] = tempFlocks[i].transform;
    otherFlocks[i] = (UnityFlock)tempFlocks[i];
  }

  //parent에 null을 지정하면 UnityFlockController 오브젝트가 리더가 된다.
  transform.parent = null;

  //주어진 랜덤 주기에 따라 랜덤 푸시를 계산한다.
  StartCoroutine(UpdateRandom());
}
```

boid 오브젝트의 부모를 origin으로 설정했는데 이는 origin이 컨트롤러 오브젝트의 역할을 한다는 의미다. 그러면 이제 그룹 내의 다른 모든 boid를 모아 자체 변수에 저장한 후 나중에 참조해서 사용하면 된다.

StartCoroutine 메소드는 UpdateRandom() 메소드를 코루틴으로 실행한다.

```
IEnumerator UpdateRandom() {
  while (true) {
    randomPush = Random.insideUnitSphere * randomForce;
    yield return new WaitForSeconds(randomFreq +
      Random.Range(-randomFreq / 2.0f, randomFreq / 2.0f));
  }
}
```

UpdateRandom() 메소드는 randomFreq 변수의 시간 간격에 기반해 randomPush 값을 갱신한다. Random.insideUnitSphere는 randomForce를 반지름으로 하는 구 내에서 임의의 x, y, z 값으로 Vector3 오브젝트를 반환한다. 그런 다음 어느 정도 임의의 시간을 기다린 후 다시 randomPush 값을 갱신하도록 잠시 대기한다.

다음은 앞에서 언급한 boid의 3가지 군집 처리 규칙을 처리하기 위한 Update() 메소드다.

```
void Update () {
  //내부 변수
  float speed = velocity.magnitude;
  Vector3 avgVelocity = Vector3.zero;
  Vector3 avgPosition = Vector3.zero;
  float count = 0;
  float f = 0.0f;
  float d = 0.0f;
  Vector3 myPosition = transformComponent.position;
  Vector3 forceV;
  Vector3 toAvg;
  Vector3 wantedVel;

  for (int i = 0;i<objects.Length;i++){
    Transform transform= objects[i];
    if (transform != transformComponent) {
      Vector3 otherPosition = transform.position;
```

```
    //응집을 계산하기 위한 평균 위치
    avgPosition += otherPosition;
    count++;

    //다른 군집에서 이 군집까지의 방향 벡터
    forceV = myPosition - otherPosition;

    //방향 벡터의 크기(길이)
    d= forceV.magnitude;

    //만일 벡터의 길이가 followRadius보다 작다면 값을 늘린다.
    if (d < followRadius) {
      //현재 벡터의 길이가 지정된 회피 반경보다 작으면
      //무리 간의 회피 거리에 기반해 오브젝트의 속도를 계산한다.
      if (d < avoidanceRadius) {
        f = 1.0f - (d / avoidanceRadius);
        if (d > 0) avgVelocity +=
          (forceV / d) * f * avoidanceForce;
      }

      //리더와의 현재 거리를 유지한다.
      f = d / followRadius;
      UnityFlock otherSealgull = otherFlocks[i];
      //otherSealgull 속도 벡터를 정규화해 이동 방향을 얻은 후,
      //새로운 속도를 설정한다.
      avgVelocity += otherSealgull.normalizedVelocity * f *
        followVelocity;
    }
  }
}
```

이 코드는 분리 규칙에 대한 구현이다. 일단 주석에 달린 설명대로 현재 boid와 다른 boid 사이의 거리를 검사하고 속도를 그에 맞춰 갱신한다.

그런 다음 현재 속도를 무리에 포함된 boid의 수로 나눠서 군집의 평균 속도를 계산한다.

```
if (count > 0) {
  //군집의 평균 속도를 계산(정렬)
  avgVelocity /= count;

  //군집의 중간 값을 계산(응집)
```

```
    toAvg = (avgPosition / count) - myPosition;
  }
  else {
    toAvg = Vector3.zero;
  }

  //리더를 향한 방향 벡터
  forceV = origin.position - myPosition;
  d = forceV.magnitude;
  f = d / toOriginRange;

  //리더에 대한 군집의 속도를 계산
  if (d > 0)  //만일 boid가 무리의 중심에 있지 않다면
    originPush = (forceV / d) * f * toOriginForce;

  if (speed < minSpeed && speed > 0) {
    velocity = (velocity / speed) * minSpeed;
  }

  wantedVel = velocity;

  //최종 속도 계산
  wantedVel -= wantedVel * Time.deltaTime;
  wantedVel += randomPush * Time.deltaTime;
  wantedVel += originPush * Time.deltaTime;
  wantedVel += avgVelocity * Time.deltaTime;
  wantedVel += toAvg.normalized * gravity * Time.deltaTime;

  //무리를 회전시키기 위한 최종 속도 계산
  velocity = Vector3.RotateTowards(velocity, wantedVel,
    turnSpeed * Time.deltaTime, 100.00f);

  transformComponent.rotation =
    Quaternion.LookRotation(velocity);

  //계산한 속도에 기반해 군집 이동
  transformComponent.Translate(velocity * Time.deltaTime,
    Space.World);

  //속도 정상화
  normalizedVelocity = velocity.normalized;
  }
}
```

이제 최종적으로 구하고자 하는 속도 wantedVel을 계산하는 데 필요한 randomPush, originPush, avgVelocity 같은 모든 요소를 추가했다. 또한 현재 velocity를 Vector3.RotateTowards 메소드를 사용한 리니어 보간법으로 계산해 wantedVel로 갱신했다. 그런 다음 Translate() 메소드를 사용해 새로운 속도로 boid를 이동시킨다.

다음으로 큐브 메시를 생성한 후 UnityFlock 스크립트를 추가하고 다음 스크린샷처럼 프리팹으로 만든다.

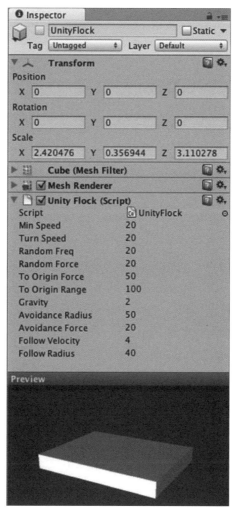

▲ 유니트 군집 프리팹

컨트롤러 생성

이제 컨트롤러 클래스를 만들자. 이 클래스는 자신의 위치를 갱신해 자신을 따르는 개별 boid 객체들이 어디로 가야 할지 알 수 있게 한다. 이 오브젝트는 이전 UnityFlock 스크립트의 origin 변수에서 참조했다.

UnityFlockController.cs 파일의 코드는 다음과 같다.

```
using UnityEngine;
using System.Collections;

public class UnityFlockController : MonoBehaviour {
  public Vector3 offset;
  public Vector3 bound;
  public float speed = 100.0f;

  private Vector3 initialPosition;
  private Vector3 nextMovementPoint;

  //초기화에 사용
  void Start () {
    initialPosition = transform.position;
    CalculateNextMovementPoint();
  }

  //Update는 매 프레임 호출됨
  void Update () {
    transform.Translate(Vector3.forward * speed * Time.deltaTime);
    transform.rotation = Quaternion.Slerp(transform.rotation,
      Quaternion.LookRotation(nextMovementPoint -
      transform.position), 1.0f * Time.deltaTime);

    if (Vector3.Distance(nextMovementPoint,
      transform.position) <= 10.0f)
      CalculateNextMovementPoint();
  }
```

Update() 메소드는 컨트롤러 오브젝트가 목적지 근처인지 검사한다. 만일 목적지 근처라면 CalculateNextMovementPoint() 메소드를 사용해서 nextMovementPoint 변수를 갱신한다.

```
void CalculateNextMovementPoint () {
  float posX = Random.Range(initialPosition.x - bound.x,
    initialPosition.x + bound.x);
  float posY = Random.Range(initialPosition.y - bound.y,
    initialPosition.y + bound.y);
    float posZ = Random.Range(initialPosition.z - bound.z,
    initialPosition.z + bound.z);

  nextMovementPoint = initialPosition + new Vector3(posX,
    posY, posZ);
 }
}
```

CalculateNextMovementPoint() 메소드는 현재 위치와 바운더리 벡터 사이의 범위에서 다음으로 이동할 임의의 목적지를 찾는다.

이전 씬 계층도 스크린샷의 내용대로 지금까지 다룬 내용을 모두 적용하면 현실감 있게 날아가는 무리를 확인할 수 있다.

▲ 유니티 시걸(seagull) 예제를 사용한 군집 처리

대체 구현 사용

좀 더 간단한 군집 알고리즘을 살펴보자. 이 예제에서는 큐브 오브젝트를 만들고 강체를 boid에 적용할 예정이다. 유니티의 강체 물리를 활용하면 boid의 변환과 조향 동작을 단순화시킬 수 있다. boid끼리 겹치는 걸 방지하기 위해 구체 콜라이더 물리 컴포넌트를 추가하자.

구현을 위해서는 개별 boid 동작과 컨트롤러 동작을 처리하는 두 개의 컴포넌트가 필요하다. 나머지 모든 boid는 컨트롤러를 따라 이동한다.

Flock.cs 파일 내의 코드는 다음과 같다.

```
using UnityEngine;
using System.Collections;
using System.Collections.Generic;

public class Flock : MonoBehaviour {
  internal FlockController controller;

  void Update () {
    if (controller) {
      Vector3 relativePos = steer() * Time.deltaTime;

      if (relativePos != Vector3.zero)
        rigidbody.velocity = relativePos;
      //boid의 최소와 최대 속도를 강제한다.
      float speed = rigidbody.velocity.magnitude;
      if (speed > controller.maxVelocity) {
        rigidbody.velocity = rigidbody.velocity.normalized *
          controller.maxVelocity;
      }
      else if (speed < controller.minVelocity) {
        rigidbody.velocity = rigidbody.velocity.normalized *
          controller.minVelocity;
      }
    }
  }
```

FlockController의 생성은 바로 이뤄진다. Update() 메소드 내에서는 steer()
메소드를 사용해 boid의 속도를 계산하고 이를 강체 속도에 적용한다. 다음으로
강체 컴포넌트의 현재 속도를 검사해 컨트롤러의 최고와 최저 속도 내에 들어오는
지 확인한다. 만일 범위를 벗어났다면 범위 내로 들어오게 한다.

```
private Vector3 steer () {
  Vector3 center = controller.flockCenter -
    transform.localPosition; //응집

  Vector3 velocity = controller.flockVelocity -
    rigidbody.velocity; //정렬

  Vector3 follow = controller.target.localPosition -
    transform.localPosition; //리더 추종

  Vector3 separation = Vector3.zero;

  foreach (Flock flock in controller.flockList) {
    if (flock != this) {
      Vector3 relativePos = transform.localPosition -
        flock.transform.localPosition;

      separation += relativePos / (relativePos.sqrMagnitude);
    }
  }

  //무작위화
  Vector3 randomize = new Vector3( (Random.value * 2) - 1,
    (Random.value * 2) - 1, (Random.value * 2) - 1);

  randomize.Normalize();

  return (controller.centerWeight * center +
    controller.velocityWeight * velocity +
    controller.separationWeight * separation +
    controller.followWeight * follow +
    controller.randomizeWeight * randomize);
  }
}
```

steer() 메소드는 분리, 응집, 정렬을 포함해 군집 알고리즘에서 리더를 따라가는 규칙을 구현하며 이때 각 요소에는 임의의 가중치를 부여해 처리한다. 이 Flock 스크립트를 강체와 구체 콜라이더 컴포넌트와 함께 적용해 다음 스크린샷처럼 Flock 프리팹을 만든다.

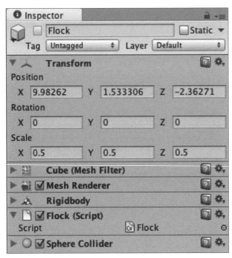

▲ Flock 프리팹

FlockController 구현

FlockController는 런타임에 boid를 생성하고 군집의 평균 속도와 중심의 위치를 갱신한다.

FlockController.cs 파일 내의 코드는 다음과 같다.

```
using UnityEngine;
using System.Collections;
using System.Collections.Generic;

public class FlockController : MonoBehaviour {
    public float minVelocity = 1; //최저 속도
    public float maxVelocity = 8; //최고 군집 속력
    public int flockSize = 20;      //그룹 내에 있는 군집의 수
```

```
//boid가 중앙에서 어느 정도까지 떨어질 수 있는지
//지정(weight가 클수록 중앙에 근접)
public float centerWeight = 1;

public float velocityWeight = 1; //정렬 동작

//군집 내에서 개별 boid 간의 거리
public float separationWeight = 1;

//개별 boid와 리더 간의 거리(weight가 클수록 가깝게 따라감)
public float followWeight = 1;

//추가적인 임의성 제공
public float randomizeWeight = 1;

public Flock prefab;
public Transform target;

//그룹 내 군집의 중앙 위치
internal Vector3 flockCenter;
internal Vector3 flockVelocity; //평균 속도

public ArrayList flockList = new ArrayList();

void Start () {
  for (int i = 0; i < flockSize; i++) {
    Flock flock = Instantiate(prefab, transform.position,
      transform.rotation) as Flock;
    flock.transform.parent = transform;
    flock.controller = this;
    flockList.Add(flock);
    }
}
```

군집 처리 알고리즘을 구현하기 위한 모든 속성을 정의했으니 이제 주어진 군
집 크기에 기반해 boid 오브젝트를 생성하자. 마지막에 했던 대로 컨트롤러 클
래스와 부모 트랜스폼 오브젝트를 설정하자. 그런 후 생성한 boid 오브젝트를
flockList 배열에 추가하자. target 변수는 리더를 저장하는 데 사용한다. 군집의
이동 대상 리더로 구체 개체를 생성하자.

```
void Update () {
  //전체 군집 그룹의 중앙 위치와 속도를 계산한다.
  Vector3 center = Vector3.zero;
  Vector3 velocity = Vector3.zero;

  foreach (Flock flock in flockList) {
    center += flock.transform.localPosition;
    velocity += flock.rigidbody.velocity;
  }

  flockCenter = center / flockSize;
  flockVelocity = velocity / flockSize;
 }
}
```

Update() 메소드는 군집의 평균 중앙 위치와 속도를 계속 갱신한다. boid 오브젝
트는 이 값들을 참조해 응집과 정렬 관련 속성을 조절하는 데 사용한다.

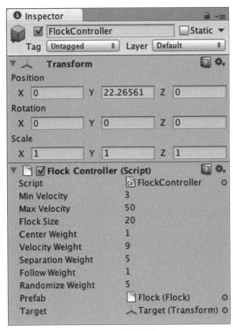

▲ Flock 컨트롤러

다음은 TargetMovement 스크립트를 가진 Target 개체다. 이동 스크립트는 이전의 유니티 3D 예제 컨트롤러에서 본 것과 동일하다.

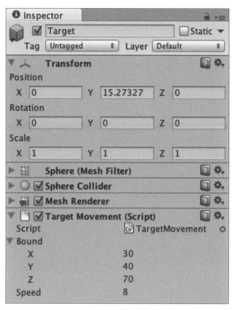

▲ TargetMovement 스크립트를 가진 Target 개체

TargetMovement 스크립트는 이동할 목표로 근처의 임의 지점을 선택한다. 목표 지점에 근접하면 새로운 지점을 하나 선택하며, boid는 다시 이 목표를 따라 이동한다.

다음 코드는 TargetMovement.cs 파일의 내용이다.

```
using UnityEngine;
using System.Collections;

public class TargetMovement : MonoBehaviour {
  //타깃을 원의 접선 속도로 이동시킨다.
  public Vector3 bound;
  public float speed = 100.0f;
```

```
    private Vector3 initialPosition;
    private Vector3 nextMovementPoint;

    void Start () {
      initialPosition = transform.position;
      CalculateNextMovementPoint();
    }
    void CalculateNextMovementPoint () {
      float posX = Random.Range(initialPosition.x = bound.x,
        initialPosition.x+bound.x);
      float posY = Random.Range(initialPosition.y = bound.y,
        initialPosition.y+bound.y);
      float posZ = Random.Range(initialPosition.z = bound.z,
        initialPosition.z+bound.z);

      nextMovementPoint = initialPosition+
        new Vector3(posX, posY, posZ);
    }
    void Update () {
      transform.Translate(Vector3.forward * speed * Time.deltaTime);
      transform.rotation = Quaternion.Slerp(transform.rotation,
        Quaternion.LookRotation(nextMovementPoint -
        transform.position), 1.0f * Time.deltaTime);

      if (Vector3.Distance(nextMovementPoint, transform.position)
        <= 10.0f) CalculateNextMovementPoint();
    }
}
```

코드를 실행하면 군집을 이룬 boid가 목표를 향해 멋지게 날아가는 모습을 볼 수 있다.

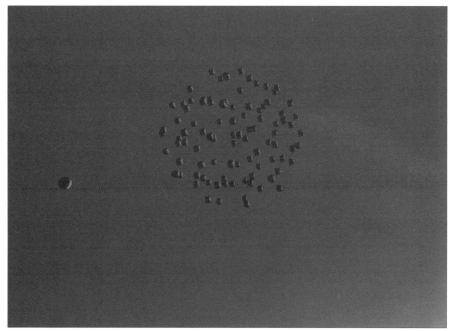

▲ 크레이그 레이놀즈 알고리즘으로 구현한 군집 처리

군중 처리

군중 시뮬레이션을 구현할 수 있는 방법은 다양하게 존재한다. 따라야 하는 엄격한 제한은 없다. 이 용어는 일반적으로 사람처럼 생긴 에이전트가 서로를 피해가며 환경 속에서 이동과 탐색을 수행하는 걸 가리킨다. 군집 처리와 마찬가지로 군중 시뮬레이션도 영화에서 널리 사용되고 있다. 예를 들어 영화 ≪반지의 제왕≫에서 등장한 군대는 군중 시뮬레이션 소프트웨어 Massive를 사용해서 만들어 낸 장면이다. Massive는 영화 제작을 위해 개발된 소프트웨어다. 비디오 게임에서는 영화처럼 군중 처리 알고리즘이 널리 퍼져 있지는 않지만 장르에 따라 제법 관련이 높을 때도 있다. 실시간 전략 게임에서는 종종 연합해 이동하는 군대가 등장하기도 한다.

간단한 군중 시뮬레이션 구현

우리가 구현할 내용은 빠르고 간단하며 효율적으로 유니티가 제공하는 NavMesh 기능을 사용할 예정이다. NavMesh를 사용하면 복잡한 작업도 쉽게 처리할 수 있다. 우리가 만든 씬은 NavMesh가 적용된 걸어 다닐 수 있는 간단한 표면을 하나 가지고 있으며 2개의 목적 지점과 2개 팀의 캡슐이 존재한다. 다음 스크린샷을 참고하자.

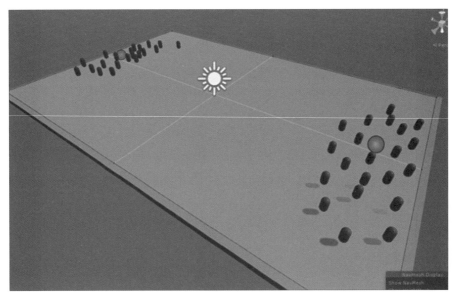

▲ 홍팀과 청팀으로 구성된 전형적인 형태

이 스크린샷을 보면 빨간색과 파란색의 대상이 각 팀의 반대편에 있는 모습을 볼 수 있다. 설정은 간단하다. 각 캡슐은 CrowdAgent.cs 컴포넌트를 가지고 있어서 플레이를 시작하면 각 에이전트는 반대편에 있는 자신의 목적 지점을 향해 이동을 시작한다. 이때 서로 간에 충돌을 피하면서 전진하고 반대편에서 오는 캡슐도 피해서 이동한다. 목적지에 도달해서는 해당 지점으로 뭉쳐 모인다.

게임이 실행되는 동안 편집기에서 하나의 캡슐 또는 그룹을 선택해 그들의 행동을 시각적으로 확인할 수도 있다. 내비게이션 창이 활성화된 상태라면 NavMesh와 에이전트에 관련된 일부 디버깅 정보를 확인할 수 있다. 다음 스크린샷을 참고하자.

실제 움직임을 확인하기 위해 에디터에서 확인을 해도 좋지만, 이해를 돕기 위해 이전 스크린샷에 몇 가지 핵심 요소를 숫자로 표기했으며 내용은 다음과 같다.

- 1: 목적지 화살표로 NavMeshAgent 방향을 가리킨다. 여기에서는 RedTarget이다. 이 화살표는 에이전트가 바라보는 방향이나 이동하는 방향과 무관하게 목적지를 가리킨다.

- 2: 이는 향하는 방향을 가리키는 화살표로 에이전트가 이동하는 실제 방향을 보여준다. 에이전트의 방향을 결정하는 데는 이웃하는 개체의 위치, NavMesh의 공간, 목적지 등 다양한 요소가 관여한다.

- 3: 이 디버그 메뉴를 사용하면 다양한 정보를 볼 수 있는데, 여기에서는 Show Avoidance와 Show Neighbours를 활성화했다.

- 4: 회피와 관련한 사각 영역의 모음으로 어두운 영역부터 밝은 영역까지 존재하고 에이전트 위를 떠다니며 우리의 에이전트와 목적지 간에 피해야 할 곳을 표현한다. 어두운 사각형은 다른 에이전트가 밀도 높게 존재하는 곳이거나 다른 환경에 의해 막힌 곳을 의미하며 밝은 사각형은 걸어서 안전하게 이동할 수 있는 곳을 의미한다. 물론 이는 동적으로 변하는 데이터이므로 에디터상에서 플레이할 때 변화를 관찰하자.

CrowdAgent 컴포넌트 사용

CrowdAgent 컴포넌트는 아주 간단하다. 앞에서도 언급한 것처럼 유니티는 복잡한 대부분의 일을 쉽게 처리할 수 있게 도와준다. 다음 코드는 CrowdAgent에게 목적지를 알려준다.

```
using UnityEngine;
using System.Collections;

[RequireComponent(typeof(NavMeshAgent))]
public class CrowdAgent : MonoBehaviour {

  public Transform target;

  private NavMeshAgent agent;

  void Start () {
    agent = GetComponent<NavMeshAgent>();
    agent.speed = Random.Range(4.0f, 5.0f);
    agent.SetDestination(target.position);
  }
}
```

이 스크립트는 NavMeshAgent 타입의 컴포넌트를 필요로 하며, Start() 함수에서 agent 변수에 지정한다. 그런 다음 지정한 두 수 사이에서 임의의 속도를 설정하고 마지막으로, 목적지를 지정하면 된다. 목적지 표시는 인스펙터를 사용해 다음 스크린샷처럼 지정하면 된다.

이 스크린샷을 보면 빨간색 캡슐이 Target으로 RedTarget (Transform)을 가지는 것을 볼 수 있다.

재미있는 장애물 추가

추가적인 코드 작업을 하지 않고도 씬 레이아웃에 몇 가지 변화를 줄 수 있고 유니티가 제공하는 일부 컴포넌트를 활성화해 에이전트의 행동을 전혀 다르게 변화시킬 수도 있다. CrowdsObstacles 씬에 몇 개의 벽을 추가해 미로처럼 생긴 형태를 구성했다. 다음 스크린샷을 참고하자.

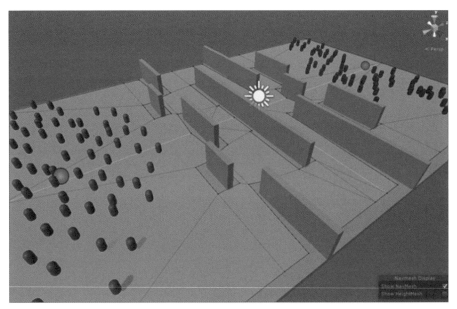

▲ 게임을 시작하자!

각 에이전트의 속도가 난수로 결정되기 때문에 실행할 때마다 결과가 달라진다는 점이 흥미롭다. 에이전트가 이동을 시작하면 팀 동료 혹은 적과 부닥치면서 이동이 막히고 그때마다 다시 최선의 경로를 찾아가며 이동을 한다. 물론 이런 개념이 새로운 것은 아니다. 4장에서 NavMeshAgent가 장애물을 피할 때도 다른 개념이다. 다만 이번에는 아주 많은 에이전트가 관여한다는 차이 정도가 있다. 좀 더 재미있는 상황을 연출하기 위해 벽 중 하나와 NavMeshObstacle 컴포넌트에 대해 다음처럼 간단하게 위 아래로 움직이는 애니메이션도 추가했다.

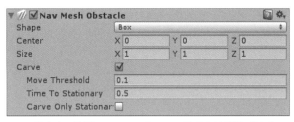

▲ 유니티 5에서의 Nav Mesh Obstacle은 모습이 약간 다르다

이 컴포넌트를 사용할 때 장애물은 Static으로 설정하지 않아도 된다. 우리가 사용하는 장애물은 대부분 박스처럼 생겼기 때문에 기본 Shape 설정을 Box(또는 Capsule)로 두면 된다. Size와 Center의 값을 조절해볼 수도 있지만, 기본 설정을 그대로 두면 모양과 정확히 일치하므로 가급적이면 그대로 두자. 다음 설정인 Carve는 중요한 옵션인데, 다음 스크린샷처럼 NavMesh의 공간을 여는 역할을 한다.

▲ 상-하 애니메이션의 양측에 있는 일반적인 장애물

왼쪽 스크린샷은 장애물이 바닥에 있을 때이며, 오른쪽 스크린샷은 장애물이 들렸을 때 NavMesh가 연결된 모습이다. Time to Stationary와 Move Threshold는 그대로 두면 되지만 Carve Only Stationary는 꺼야 한다. 이유는 장애물이 움직이기 때문이며, 옵션을 끄지 않으면 장애물이 위에 있건 아래에 있건 관계없이 에이전트는 무조건 장애물을 통과해서 이동하려 시도한다.

장애물이 위아래로 움직이고 이에 따라 메시가 끊기거나 연결됨에 따라 에이전트가 이동하는 방향도 변하는 모습을 볼 수 있다. 내비게이션 디버그 옵션을 켜면 매 순간 에이전트에 벌어지고 있는 모든 일을 아주 흥미롭게 시각화된 형태로 확인할 수 있다.

다음 스크린샷은 에이전트들이 뒤엉켜 혼란스럽게 이동하는 모습이다.

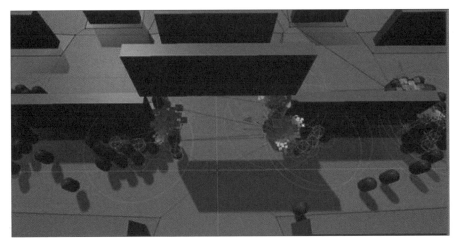

▲ 개인적으로 비밀스럽게 청팀을 응원함

요약

5장에서 우리는 두 가지 형태의 군집 처리 방식을 배웠다. 첫 번째는 유니티가 제 공하는 Tropical Island Demo 프로젝트를 분석해가면서 군집 알고리즘의 구현 방식을 살펴봤고 두 번째는 강체를 사용해 군집 내 개체의 이동을 처리하고 구 콜 라이더를 사용해 군집 내 개체끼리의 충돌을 피하는 방법을 살펴봤다. 여기에서 는 군집 행동을 날아다니는 오브젝트에 적용했지만, 물고기떼나 벌레떼 또는 육상 동물 무리에도 동일하게 적용할 수 있다. 위나 아래로 움직이지 못하는 개체에 대 해서는 y축으로의 이동을 제한한다거나 하는 등 리더의 움직임만 처리하면 된다. 2D 게임이라면 y 위치만 고정시키면 된다. 불규칙한 지형에서의 자연스러운 2차 원 움직임을 구현하기 위해서는 y 방향으로 어떤 강제적인 힘도 가하지 않도록 스 크립트를 수정하면 된다.

군집 시뮬레이션에 대해 살펴보고 4장에서 처음 배웠던 유니티의 NavMesh 시스 템을 사용한 버전을 직접 구현하기도 했다. 에이전트의 행동과 의사 결정 과정을 시각화하는 방법도 살펴봤다.

6장에서는 행동 트리 패턴에 대해 살펴보고 직접 자신만의 버전을 구현하는 방법 도 다룰 예정이다.

6 행동 트리

행동 트리BTs, Behavior Trees는 게임 개발자들 사이에서 꾸준한 인기를 얻고 있다. 지난 10년간 행동 트리는 다수의 트리플A 수준 스튜디오에서 인공지능 에이전트를 구현할 때 사용한 방식이다. 〈헤일로Halo〉나 〈기어스오브워Gears of War〉 같은 게임은 행동 트리를 본격적으로 유명 게임이다. PC의 성능이 좋아지고 게임 콘솔과 모바일 기기가 발전함에 따라 게임에서 인공지능을 구현할 수 있는 범위가 점차 넓어지고 있다.

다음은 6장에서 다룰 내용이다.

- 행동 트리의 기초
- 기존 행동 트리 솔루션 사용의 장점
- 직접 행동 트리 프레임워크를 구현하는 방법
- 만든 프레임워크를 사용해 간단한 트리 구현

행동 트리의 기초

루트root로 알려진 최상위 부모 노드 아래에 계층 구조 형태로 가지가 존재하는 구조적 특성 때문에 트리라고 부른다. 지금까지 이 책에서 다룬 다른 내용과 마찬가지로 행동 트리도 실세계에서 존재하는 나무와 닮아 있다. 행동 트리를 시각화하면 다음 그림처럼 생겼다.

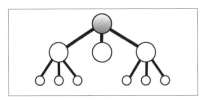

▲ 간단한 트리 구조

당연히 행동 트리가 가질 수 있는 노드와 자식 노드의 수에는 제약이 없다. 계층 구조의 가장 말단에 있는 노드는 리프leaf 노드라고 부르며, 노드는 행동 또는 테스트 등을 표현할 수 있다. 상태 전이 규칙을 통해서 상태가 바뀌는 상태 기계와 달리 행동 트리의 흐름은 철저히 각 노드의 순서에 따라 정의된다. 행동 트리는 트리의 상단에서부터 평가를 시작해 자식 노드를 타고 이동하면서 원하는 조건을 만족할 때까지 또는 가장 마지막 노드에 도달할 때까지 순회한다. 행동 트리는 항상 최상위 루트 노드에서부터 평가를 시작한다.

다양한 노드 타입의 이해

노드 타입을 부르는 이름은 다양하며 때론 작업이라고 부르기도 한다. 구현하고자 하는 인공지능의 복잡도에 따라 트리의 규모가 결정되지만 각 컴포넌트를 나눠 살펴보면 행동 트리의 동작을 이해하는 것은 어렵지 않다. 다음 내용은 노드의 타입과 무관하게 통용되는 내용이며 노드는 항상 다음 상태 중 하나를 반환한다.

● Success: 노드가 조건을 만족할 때

● Failure: 노드가 조건을 만족하지 않을 때

- Running: 노드에서 검사하는 조건의 유효성이 정의되지 않았을 때. "잠시만 기다리세요" 상태를 떠올리면 된다.

행동 트리가 가질 수 있는 잠재적 복잡도로 인해 대부분의 구현은 비동기로 이뤄진다. 이는 유니티에서 트리의 평가가 게임의 흐름을 방해하지 않는다는 걸 의미한다. 행동 트리에서 여러 노드를 평가하는 과정은 필요에 따라 수 프레임 간 진행되기도 한다. 다수의 에이전트에 대해 행동 트리 평가가 이뤄진다면 생각보다 오랜 시간이 걸릴 수 있기 때문에 결과를 마냥 기다린다면 성능에 치명적이 영향을 받을 수 있다. 바로 이런 이유 때문에 "running" 상태가 중요한 것이다.

합성 노드 정의

합성 노드는 하나 이상의 자식을 가지기 때문에 붙여진 이름이다. 상태는 전적으로 자식들의 평가 결과로 결정되며 자식들의 평가가 진행 중일 때의 상태는 "running"이 된다. 자식의 평가 방식에 따라 다음과 같은 형태의 합성 노드가 존재한다.

- 시퀀스(Sequences): 시퀀스는 전체 자식이 모두 조건을 만족할 때만 성공으로 인정하는 특성을 가진다. 조건 검사를 진행하는 과정 중 어떤 자식 노드 하나라도 조건을 만족하지 못하면 시퀀스는 실패를 보고한다. 일반적으로 시퀀스는 노드의 왼쪽에서 오른쪽으로 진행된다. 다음 그림은 각각 성공 시퀀스와 실패 시퀀스를 보여준다.

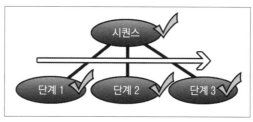

▲ 성공 시퀀스 노드

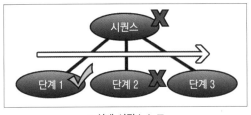

▲ 실패 시퀀스 노드

- **셀렉터(Selectors)**: 셀렉터는 시퀀스에 비해 훨씬 관대한 부모를 가진다. 셀렉터는 자식 노드 중 하나라도 조건을 만족하면 나머지 자식을 더 이상 검사하지 않고 즉시 성공을 보고한다. 셀렉터 노드가 실패하는 유일한 상황은 모든 자식이 조건 검사를 만족하지 못할 때뿐이다.

물론 각 합성 노드 타입은 각기 어울리는 상황을 가지고 있으며, 다양한 타입의 시퀀스 노드를 "and"와 "or" 조건으로 결합해서 사용할 수도 있다.

데코레이터 노드의 이해

데코레이터 노드는 합성 노드와 달리 단 하나의 자식만 가진다는 특성을 가진다. 처음에는 불필요하다고 생각할 수도 있다. 이론적으로 자식에 의지하지 않고 노드 자체에 조건을 포함하면 동일한 기능을 얻을 수 있기 때문이다. 하지만 데코레이터 노드는 근본적으로 자식이 반환한 상태를 취하고 스스로의 매개변수에 기반해 반응하기 때문에 특별하다. 데코레이터는 심지어 자식이 평가되는 방식과 횟수를 결정할 수도 있다. 다음은 몇 가지 일반적인 데코레이터 타입이다.

- **인버터(Inverter)**: 인버터는 NOT 수정자를 떠올리면 된다. 이는 자식이 반환한 상태의 반대를 취한다. 예를 들면 자식이 TRUE를 반환하면 데코레이터 평가는 FALSE가 된다. C#에서 Boolean 앞에 ! 오퍼레이터를 붙이는 것과 동일하다.

- **리피터(Repeater)**: 데코레이터에서 정의된 대로 TRUE 또는 FALSE가 될 때까지 정해진 횟수(또는 무한대)만큼 반복해 평가를 진행한다. 예를 들면 "에너지가 충분히 참" 상태가 될 때까지 계속해서 조건을 검사하다가 공격을 시작하게 할 수 있다.

- **리미터(Limiter)**: 에이전트가 무한 루프에 빠지지 않도록 하기 위해 평가 횟수를 제한한다. 이 데코레이터는 리피터와 반대로 조건이 아닌 횟수를 제한할 때 유용하다. 예를 들면 포기하기 전까지 문을 걷어차는 횟수를 정할 수 있다.

일부 데코레이터 노드는 다음처럼 디버깅과 테스트 용도로 사용할 수 있다.

- **가짜 상태(Fake state)**: 이는 데코레이터에 정의된 대로 항상 참이나 거짓을 반환해 에이전트의 특정 행동을 검증하려고 할 때 매우 유용하다. 또는 주변의 다른 에이전트를 관찰하기 위해 가짜로 "running" 상태만 유지시킬 수도 있다.
- **브레이크포인트(Breakpoint)**: 코드에서의 브레이크포인트처럼 이 노드에 도달하면 디버그 로그나 다른 메소드를 통해 알림을 받을 수 있다.

이런 타입들은 상호 배타적인 단일체 원형이 아니며 각자의 목적에 맞게 조합해 사용할 수도 있다. 단지 너무 많은 기능을 하나의 데코레이터에 결합하는 것만 조심하면 된다. 효율성과 편의성을 위해서는 시퀀스 노드를 사용하는 편이 더 나을 수도 있기 때문이다.

리프 노드 표현

앞에서 행동 트리의 구조를 설명하면서 리프 노드에 대해 간단히 언급했는데, 사실 리프 노드는 어떤 종류의 행동도 될 수 있다. 에이전트가 가질 수 있는 모든 로직을 표현할 수 있다는 점에서 매우 유용하다. 리프 노드는 걷기 기능, 발사 명령, 발차기 행동 등을 정의할 수도 있으며 그 어떤 제약도 가지지 않는다. 단지 계층의 가장 마지막 노드라는 특성을 가지며 3개의 상태 중 하나를 반환할 수 있다.

기존 솔루션 평가

유니티 애셋 스토어에 가면 개발자에게 유용한 다양한 자료를 찾을 수 있다. 아트와 오디오, 다양한 종류의 애셋을 구매할 수 있을 뿐만 아니라 다양한 플러그인과 프레임워크도 찾을 수 있다. 우리 목적에 맞게 애셋 스토어에 가면 무료부터 유료

까지 다양한 행동 트리 플러그인이 존재한다. 이들 대부분은 시각화와 편의성 등을 제공하기 위한 GUI를 제공한다.

애셋 스토어에 있는 솔루션을 사용하면 다양한 장점이 있다. 프레임워크 대다수가 런타임 디버깅이나 강력한 API, 직렬화, 데이터 기반 트리 지원 등의 고급 기능을 제공한다. 심지어 일부는 게임에서 사용할 수 있는 샘플 리프 로직 노드를 포함하기도 해 코드 작업을 최소화시켜준다.

이 책의 이전판은 AngryAnt의 Behave라는 플러그인을 중심으로 설명했는데 현재는 Behave 2라는 이름으로 애셋 스토어에서 유료 플러그인으로 판매 중이며 여전히 최고의 행동 트리다. 매우 강력하며 성능이 좋고 멋지게 설계된 프레임워크다.

다양한 가격 정책으로 제공되는 Behavior Machine과 Behavior Designer도 좋은 대안이 될 수 있다. 심지어 Behavior Machine은 무료 버전도 있다. 그 외에도 웹 검색을 조금 해보면 C#과 유니티로 제공되는 무료 버전도 쉽게 찾을 수 있다. 결국은 각자 진행하는 프로젝트의 성격과 예산 그리고 시간에 따라 기존의 솔루션을 사용할지 아니면 직접 자신만의 솔루션을 만들지 결정하면 된다.

간단한 행동 트리 프레임워크 구현

제대로 된 GUI를 갖추고 다양한 노드 타입을 갖는 행동 트리를 구현하는 것은 이 책의 범위를 벗어난다. 대신 이 책에서는 핵심 개념을 익히는 데 필요한 내용에 집중하기로 하자. 6장에서 제공하는 내용은 행동 트리를 위한 간단한 프레임워크다. 우리 예제는 복잡한 게임 로직보다는 행동 트리의 기능에 집중하기 위해 단순한 로직을 사용할 예정이다. 이 예제의 목표는 게임 인공지능에서 자칫 부담스러울 수도 있는 개념을 최대한 쉽고 편하게 설명하면서 자신만의 트리를 만드는 데 필요한 도구를 제공하고 원할 경우 직접 발전시키도록 하는 데 있다.

기반 Node 클래스 구현

모든 노드에서 필요로 하는 기반 기능이 존재한다. 우리가 만들 간단한 프레임워크는 모두 기반 추상 Node.cs 클래스를 상속받을 예정이다. 이 클래스는 기반 기능 또는 최소 하나 이상의 시그니처를 제공해 기능 확장을 가능하게 한다.

```
using UnityEngine;
using System.Collections;

[System.Serializable]
public abstract class Node {

  /* 노드의 상태를 반환하는 델리게이트 */
  public delegate NodeStates NodeReturn();

  /* 노드의 현재 상태 */
  protected NodeStates m_nodeState;

  public NodeStates nodeState {
    get { return m_nodeState; }
  }

  /* 노드를 위한 생성자 */
  public Node() {}

  /* 원하는 조건 세트를 평가하기 위해 이 메소드를 구현 */
  public abstract NodeStates Evaluate();
}
```

클래스는 매우 간단하다. Node.cs를 다른 모든 노드 타입의 기반으로 생각하면 된다. NodeReturn 델리게이트는 이 예제에서는 구현하지 않을 예정이다. m_nodeState는 주어진 시점에서의 노드 상태다. 앞에서 배운 것처럼 상태는 FAILURE나 SUCCESS, RUNNING 중 하나다. nodeState 값은 단순히 protected인 m_nodeState를 위한 게터다.

다음으로, 명시적인 목적을 갖는 빈 생성자가 하나 있다. 그리고 마지막으로 Node.cs 클래스의 핵심 기능인 Evaluate()가 있다. 곧 살펴보겠지만 Evaluate는 노드의 상태를 평가한다.

노드를 셀렉터로 확장

셀렉터를 생성하기 위해 Node.cs 클래스를 기반으로 기능을 확장하자.

```
using UnityEngine;
using System.Collections;
using System.Collections.Generic;

public class Selector : Node {
  /** 이 셀렉터를 위한 자식 노드들 */
  protected List<Node> m_nodes = new List<Node>();

  /** 생성자는 자식 노드의 목록을 필요로 한다 */
  public Selector(List<Node> nodes) {
    m_nodes = nodes;
  }

  /* 자식 중 하나가 성공을 보고하면 셀렉터는 즉시 상위로 성공을 보고한다.
   * 만일 모든 자식이 실패하면 실패를 보고한다. */
  public override NodeStates Evaluate() {
    foreach (Node node in m_nodes) {
      switch (node.Evaluate()) {
        case NodeStates.FAILURE:
          continue;
        case NodeStates.SUCCESS:
          m_nodeState = NodeStates.SUCCESS;
          return m_nodeState;
        case NodeStates.RUNNING:
          m_nodeState = NodeStates.RUNNING;
          return m_nodeState;
        default:
          continue;
      }
    }
    m_nodeState = NodeStates.FAILURE;
    return m_nodeState;
  }
}
```

앞에서 배운 것처럼 셀렉터는 합성 노드다. 이는 하나 이상의 자식 노드를 가지고 있음을 의미한다. 이 자식 노드들은 m_nodes List<Node> 변수에 저장된다. 물론 클래스가 인스턴스화된 이후에도 자식 노드들을 추가하도록 기능을 확장할 수도 있겠지만 일단은 초기에 생성자를 통해 목록을 제공하자.

다음 부분은 가장 흥미로운 Evaluete() 메소드의 구현이다. 이 메소드는 모든 자식 노드를 돌며 개별 결과를 평가한다. 자식 중 하나가 실패한다고 전체 셀렉터가 실패하는 것이 아니며 자식 중 하나라도 SUCCESS를 반환하면 이 노드의 상태가 셀렉터의 상태가 된다. 만일 전체 자식 노드의 목록을 돌았는데 어떤 노드도 SUCCESS를 반환하지 않았다면 전체 셀렉터는 실패하며 FAILURE 상태를 반환한다.

시퀀스

시퀀스의 구현도 매우 유사하며, 예상했겠지만 Evaluate() 메소드의 동작이 주된 차이점이다.

```
using UnityEngine;
using System.Collections;
using System.Collections.Generic;

public class Sequence : Node {
  /** 이 시퀀스에 속한 자식 노드들 */
  private List<Node> m_nodes = new List<Node>();

  /** 초기 자식 목록을 반드시 제공해야 한다. */
  public Sequence(List<Node> nodes) {
    m_nodes = nodes;
  }

  /* 하나의 자식 노드라도 실패를 반환하면 전체 노드는 실패한다.
   * 모든 노드가 성공을 반환하면 노드는 성공을 보고한다. */
  public override NodeStates Evaluate() {
    bool anyChildRunning = false;

    foreach(Node node in m_nodes) {
      switch (node.Evaluate()) {
```

```
        case NodeStates.FAILURE:
          m_nodeState = NodeStates.FAILURE;
          return m_nodeState;
        case NodeStates.SUCCESS:
          continue;
        case NodeStates.RUNNING:
          anyChildRunning = true;
          continue;
        default:
          m_nodeState = NodeStates.SUCCESS;
          return m_nodeState;
      }
    }
    m_nodeState = anyChildRunning ? NodeStates.RUNNING :
      NodeStates.SUCCESS;
    return m_nodeState;
  }
}
```

시퀀스의 Evaluate() 메소드는 전체 자식이 성공해야 참을 반환하며 자식 중 하나라도 실패하면 전체 시퀀스도 실패다. 이 때문에 FAILURE 조건을 가장 먼저 검사하고 보고하는 것이다. 자식의 결과가 SUCCESS라면 계속해서 다음 자식 노드를 검사해나가야 한다. 만일 자식 노드 중 하나라도 RUNNING 상태라면 이를 해당 노드의 상태로 보고하고 부모 노드나 로직은 전체 트리를 다시 평가한다.

인버터 데코레이터 구현

Inverter.cs의 구조는 약간 다르지만, 나머지 노드처럼 역시 Node를 상속받는다. 코드를 살펴보고 차이점을 알아보자.

```
using UnityEngine;
using System.Collections;

public class Inverter : Node {
  /* 평가할 자식 노드 */
  private Node m_node;
```

```
public Node node {
  get { return m_node; }
}
/* 생성자는 이 인버터 데코레이터가 감쌀 자식 노드를 필요로 한다. */
public Inverter(Node node) {
  m_node = node;
}


/* 자식이 실패하면 성공을 보고하고 자식이 성공하면 실패를 보고한다.
 * RUNNING은 그대로 보고한다. */
public override NodeStates Evaluate() {
  switch (m_node.Evaluate()) {
    case NodeStates.FAILURE:
      m_nodeState = NodeStates.SUCCESS;
      return m_nodeState;
    case NodeStates.SUCCESS:
      m_nodeState = NodeStates.FAILURE;
      return m_nodeState;
    case NodeStates.RUNNING:
      m_nodeState = NodeStates.RUNNING;
      return m_nodeState;
  }
  m_nodeState = NodeStates.SUCCESS;
  return m_nodeState;
}
}
```

보다시피 데코레이터는 자식이 하나이므로 List<Node>가 아닌 하나의 노드 변수 m_node를 가지며 이 노드는 생성자를 통해 전달한다. 물론 빈 생성자를 먼저 부르고 이후에 별도의 메소드를 통해서 자식 노드를 전달해도 문제될 건 없다.

Evalute() 메소드는 앞에서 설명한 인버터의 행위를 구현한다. 자식의 평가가 SUCCESS라면 인버터는 FAILURE를 보고하고 자식의 평가가 FAILURE라면 인버터는 SUCCESS를 보고한다. RUNNING 상태는 그대로 전달한다.

일반 액션 노드 생성

이제는 ActionNode.cs 차례다. 이는 로직을 델리게이트로 전달하기 위한 일반 리프 노드다. Node를 상속받았다면 원하는 형태로 어떤 로직이든 자유롭게 구현하면 된다. 이 예제는 유연하기도 하고 제약적이기도 하다. 델리게이트 시그니처에 맞는 어떤 메소드도 전달할 수 있다는 측면에서는 유연하지만 동시에 이는 제약적이기도 하다. 오직 인자를 갖지 않는 하나의 델리게이트 시그니처만 제공하기 때문이다.

```
using System;
using UnityEngine;
using System.Collections;

public class ActionNode : Node {
  /* 액션에 대한 메소드 시그니처 */
  public delegate NodeStates ActionNodeDelegate();

  /* 이 노드를 평가할 때 호출하는 델리게이트 */
  private ActionNodeDelegate m_action;

  /* 이 노드는 아무런 로직을 포함하지 않으므로
   * 델리게이트 형태로 로직이 전달돼야 한다.
   * 시그니처에 나와 있듯이 액션은 NodeStates 열거형을 반환해야 한다. */
  public ActionNode(ActionNodeDelegate action) {
    m_action = action;
  }

  /* 전달된 델리게이트로 노드를 평가하고 그에 맞는 상태를 보고한다. */
  public override NodeStates Evaluate() {
    switch (m_action()) {
      case NodeStates.SUCCESS:
        m_nodeState = NodeStates.SUCCESS;
        return m_nodeState;
      case NodeStates.FAILURE:
        m_nodeState = NodeStates.FAILURE;
        return m_nodeState;
      case NodeStates.RUNNING:
```

```
          m_nodeState = NodeStates.RUNNING;
          return m_nodeState;
        default:
          m_nodeState = NodeStates.FAILURE;
          return m_nodeState;
      }
    }
}
```

이 노드의 동작을 책임지는 것은 m_action 델리게이트다. C#에서 사용하는 델리게이트는 C++에서의 함수 포인터와 비슷한 개념이다. 쉽게 생각하면 델리게이트를 함수를 갖는(좀 더 정확하게는 가리키는) 변수로 볼 수도 있다. 이렇게 하면 런타임에 호출될 함수를 설정하는 게 가능해진다. 생성자는 NodeStates 열거형을 반환하는 시그니처에 맞는 메소드 전달을 요구한다. 조건만 만족하면 어떤 로직이던 구현할 수 있다. 지금까지 구현한 다른 노드와 달리 어떤 상태로도 빠지지 않으므로 기본 상태는 FAILURE다. 원한다면 기본 상태를 SUCCESS 또는 RUNNING으로 변경해도 된다.

이 클래스를 상속받아 확장하거나 클래스 자체를 수정해서 원하는 대로 변경할 수 있다. 물론 코드를 재사용하지 않고 일회적으로 구현할 수도 있겠지만 가능하면 코드를 재활용하는 편이 더 나은 선택이다. Node를 상속받아 필요한 코드를 구현하도록 하자.

프레임워크 테스트

프레임워크는 본 내용이 전부다. 트리를 만드는 데 필요한 모든 기능을 제공하지만 실제 트리는 직접 만들어야 한다. 이 책의 목적상 수동으로 생성한 트리를 제공한다.

계획 수립

트리를 설정하기 전에 먼저 해야 할 일을 살펴보자. 구현 전에 미리 트리를 시각화하면 도움이 된다. 트리에는 0부터 특정 수까지 번호를 붙이고 조건을 검사한 후 결과를 보고한다. 다음 다이어그램은 기본적인 트리의 계층을 표현하고 있다.

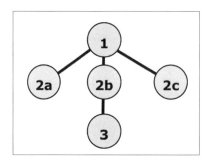

테스트를 위해 루트 노드를 포함하는 3 티어 트리를 사용할 예정이다.

- **노드 1**: 루트 노드로 자식을 가지며 자식 중 하나라도 성공이면 성공을 반환하고자 하므로 셀렉터로 구현할 예정이다.
- **노드 2a**: 이 노드는 `ActionNode`를 사용해서 구현하자.
- **노드 2b**: 인버터의 동작을 확인하기 위해 이 노드를 구현할 예정이다.
- **노드 2c**: 노드 2a로부터 다시 동일한 `ActionNode`를 실행하고 이것이 전체 트리 평가에 어떤 영향을 주는지 확인할 예정이다.
- **노드 3**: 노드 3은 트리의 세 번째 티어에 있는 외로운 노드다. 이는 2b 데코레이터 노드의 자식으로 만일 이 노드가 SUCCESS를 보고하면 2b는 FAILURE를 보고한다. 그 반대도 마찬가지다.

아직도 잘 모르는 내용이 있겠지만 시각화된 트리를 참고하면 코드를 구현할 때 많은 도움이 된다.

씬 설정

트리의 기본 구조를 살펴봤고 이제 코드를 구현할 차례인데 그 전에 간단하게 씬 설정을 확인하고 넘어가자. 다음 스크린샷은 계층 구조를 보여준다. 노드 부분은 강조 표시했다.

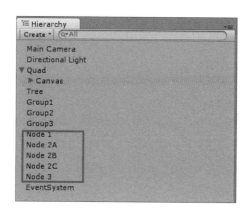

설정은 매우 간단하다. 월드 공간 캔버스를 가지는 사각 영역이 있는데, 이는 간단히 테스트 도중 필요한 정보를 출력한다. 이전 스크린샷에서 강조 표시한 노드들은 코드에서 참조되며 이를 사용해 각 노드의 상태를 시각적으로 표현한다. 실제 씬은 다음 스크린샷처럼 표현된다.

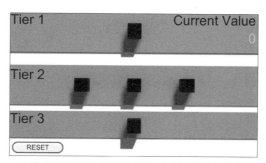

▲ 실제 레이아웃은 앞서 만들었던 다이어그램과 비슷하다

보다시피 계획 단계에서 그렸던 각 노드는 하나의 박스로 표현했으며, 이는 실제 테스트 코드에서 참조되고 반환한 상태에 따라 색상이 변한다.

MathTree 코드

이제 테스트를 위한 코드를 살펴보자. 다음은 MathTree.cs의 내용이다.

```
using UnityEngine;
using UnityEngine.UI;
using System.Collections;
using System.Collections.Generic;

public class MathTree : MonoBehaviour {
  public Color m_evaluating;
  public Color m_succeeded;
  public Color m_failed;

  public Selector m_rootNode;

  public ActionNode m_node2A;
  public Inverter m_node2B;
  public ActionNode m_node2C;
  public ActionNode m_node3;

  public GameObject m_rootNodeBox;
  public GameObject m_node2aBox;
  public GameObject m_node2bBox;
  public GameObject m_node2cBox;
  public GameObject m_node3Box;

  public int m_targetValue = 20;
  private int m_currentValue = 0;

  [SerializeField]
  private Text m_valueLabel;
```

앞부분의 변수 몇 개는 디버깅 용도다. 3개의 컬러 변수는 박스의 상태 시각화를 위한 용도로 기본적으로 RUNNING은 노란색, SUCCESS는 녹색, FAILED는 빨간색이다.

이제는 실제 노드를 선언한다. 앞에서 언급한 것처럼 m_rootNode는 셀렉터다. 생성자에서 데이터를 넘겨줘야 하기 때문에 아직 어떤 노드 변수도 할당하지 않았다.

그리고 씬에서 봤던 박스에 대한 참조가 필요하다. 이 박스들은 단순히 익스펙터에 끌어다 놓은 GameObjects다. 나중에 코드에서 살펴볼 예정이다.

그 외에도 2개의 정수형 변수가 있는데 로직에서 다룰 내용이라 일단 넘어가자. 마지막으로 테스트 중 필요한 내용을 출력하는 데 사용할 유니티 UI Text 변수가 있다.

이제 실제 노드의 초기화를 살펴보자.

```
/* 노드는 아래쪽부터 인스턴스화하고 차례로 자식들을 할당한다. */
void Start () {
  /** 가장 깊은 레벨의 노드는 Node 3으로 자식을 갖지 않는다. */
  m_node3 = new ActionNode(NotEqualToTarget);

  /** 다음으로, 레벨 2 노드를 생성한다. */
  m_node2A = new ActionNode(AddTen);

  /** Node 2B는 셀렉터로 노드 3을 자식으로 가지므로 생성자에 이를 전달한다. */
  m_node2B = new Inverter(m_node3);
  m_node2C = new ActionNode(AddTen);

  /** 마지막은 루트 노드로, 일단 여기에 전달할 자식 목록을 만든다. */
  List<Node> rootChildren = new List<Node>();
  rootChildren.Add(m_node2A);
  rootChildren.Add(m_node2B);
  rootChildren.Add(m_node2C);

  /** 그런 후 루트 노드 오브젝트를 만들고 여기에 목록을 전달한다. */
  m_rootNode = new Selector(rootChildren);

  m_valueLabel.text = m_currentValue.ToString();

  m_rootNode.Evaluate();

  UpdateBoxes();
}
```

전체적인 구조로 인해 트리의 아래쪽부터 위쪽으로 올라오면서 노드를 선언했다. 이는 자식 노드를 전달하지 않고는 부모를 인스턴스화할 수 없기 때문이다.

m_node2A와 m_node2C, m_node3은 액션 노드이므로 델리게이트를 진달해야 한다. m_node2B는 셀렉터가 되어야 하므로 하나의 자식이 필요하며 여기에서는 m_node3가 자식 역할을 한다. 이들 티어가 준비되면 모든 티어 2 노드를 하나의 목록으로 만들어서 티어 1 노드인 루트 노드에 전달해야 한다. 루트 노드는 셀렉터로 인스턴스화할 때 자식 목록을 필요로하기 때문이다.

모든 노드의 인스턴스화를 마치면 Evaluate() 메소드를 사용해서 루트 노드의 평가를 시작할 수 있다. UpdateBoxes() 메소드는 단순히 박스 게임 오브젝트를 적당한 색으로 갱신한다.

```
private void UpdateBoxes() {
  /** 루트 노드 박스 갱신 */
  if (m_rootNode.nodeState == NodeStates.SUCCESS) {
    SetSucceeded(m_rootNodeBox);
  } else if (m_rootNode.nodeState == NodeStates.FAILURE) {
    SetFailed(m_rootNodeBox);
  }

  /** 2A 노드 박스 갱신 */
  if (m_node2A.nodeState == NodeStates.SUCCESS) {
    SetSucceeded(m_node2aBox);
  } else if (m_node2A.nodeState == NodeStates.FAILURE) {
    SetFailed(m_node2aBox);
  }

  /** 2B 노드 박스 갱신 */
  if (m_node2B.nodeState == NodeStates.SUCCESS) {
    SetSucceeded(m_node2bBox);
  } else if (m_node2B.nodeState == NodeStates.FAILURE) {
    SetFailed(m_node2bBox);
  }

  /** 2C 노드 박스 갱신 */
  if (m_node2C.nodeState == NodeStates.SUCCESS) {
    SetSucceeded(m_node2cBox);
  } else if (m_node2C.nodeState == NodeStates.FAILURE) {
    SetFailed(m_node2cBox);
```

```
  }

  /** 3 노드 박스 갱신 */
  if (m_node3.nodeState == NodeStates.SUCCESS) {
    SetSucceeded(m_node3Box);
  } else if (m_node3.nodeState == NodeStates.FAILURE) {
    SetFailed(m_node3Box);
  }
}
```

내용이 간단해 특별히 언급할 만한 내용은 없다. 이 트리를 수동으로 설정했기 때
문에 각 노드를 따로 검사해 nodeState를 얻고 그 결과에 따라 SetSucceeded와
SetFailed 메소드를 사용해 색상을 설정해야 한다. 이 클래스에서 중요한 부분을
살펴보자.

```
private NodeStates NotEqualToTarget() {
  if (m_currentValue != m_targetValue) {
    return NodeStates.SUCCESS;
  } else {
    return NodeStates.FAILURE;
  }
}

private NodeStates AddTen() {
  m_currentValue += 10;
  m_valueLabel.text = m_currentValue.ToString();
  if (m_currentValue == m_targetValue) {
    return NodeStates.SUCCESS;
  } else {
    return NodeStates.FAILURE;
  }
}
```

처음 살펴볼 대상은 NotEqualToTarget()으로 데코레이터의 자식 액션 노드에
전달하는 메소드다. 여기에서는 기본적으로 이중 부정 설정을 사용하니 잘 따라오
길 바란다. 이 메소드는 현재의 값이 목표값과 일치하지 않으면 성공을 반환하고
그 반대일 때는 실패를 반환한다. 그러면 부모 인버터 데코레이터는 노드가 반환

한 것의 반대로 평가한다. 따라서 만일 값이 일치하지 않으면 인버터 노드는 실패하고 반대면 성공한다. 지금 다소 헷갈릴 수도 있는데 실행하고 결과를 보면 곧 이해가 갈 것이므로 너무 걱정하지 말자.

다음은 AddTen()으로 다른 두 액션 노드에 전달되는 메소드다. 이름을 보면 짐작하겠지만 m_currentValue 변수에 10을 더한다. 그리고 나서 그 값이 m_targetValue와 일치하는지 검사해 일치하면 SUCCESS를 아니면 FAILURE로 평가한다.

마지막 몇 개의 메소드는 이름만으로도 짐작이 가므로 설명은 생략한다.

테스트 실행

이제 코드의 동작은 충분히 이해했으니 실제 동작을 살펴보자. 일단 컴포넌트 설정부터 확인하자. Tree 게임 오브젝트를 계층 구조에서 선택하고 인스펙터를 보면 다음과 같은 모습이다.

▲ 컴포넌트의 기본 설정

보다시피 상태 색상과 박스 참조 그리고 m_valueLabel 변수는 이미 지정됐다. m_targetValue 변수 또한 코드에서 지정했다. 플레이를 시작하기 전에 이 값은 20으로 두자. 씬을 플레이하면 박스에 불이 들어오는 것을 다음 스크린샷처럼 볼 수 있다.

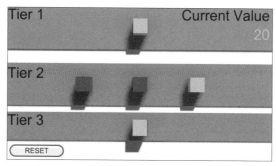

▲ 박스에 불이 들어오면서 각 노드의 평가 결과를 보여준다

보다시피 루트 노드의 평가 결과는 예상대로 SUCCESS다. 티어 2부터 시작해 차례로 따라가면서 왜 이런 결과가 나왔는지 살펴보자.

- **Node 2A**: m_currentValue의 초기 값은 0이고 여기에 10을 더해도 m_targetValue의 값인 20과 다르므로 빨간색이다.

- **Node 2B**: 자식을 평가하는데 m_currentValue와 m_targetValue의 값이 다르므로 결과는 SUCCESS다. 그러면 인버터 로직은 결과를 뒤집어서 FAILURE로 보고하므로 마지막 노드로 이동한다.

- **Node 2C**: 다시 m_currentValue에 10을 더하면 이제 20이 되어 m_targetValue와 값이 같아져 SUCCESS가 되므로 루트 노드는 결과적으로 성공한다.

테스트는 간단하지만 개념을 명확하게 보여준다. 좀 더 확실한 테스트를 위해 다음 그림처럼 m_targetValue의 값을 30으로 인스펙터에서 변경하고 테스트를 더 해보자.

▲ 갱신한 값을 강조 표시했음

작은 변경이지만 전체 트리의 평가는 달라진다. 씬을 다시 플레이하면 다음 스크린샷처럼 달라진 결과를 볼 수 있다.

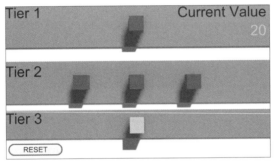

▲ 완전히 달라진 결과

보다시피 하나를 뺀 모든 자식 노드가 실패이므로 결과는 FAILURE가 된다. 이유를 살펴보자.

- **Node 2A**: 원래 예제에서 달라진 건 없다. currentValue 변수는 0에서 시작해서 10으로 끝난다. 이는 m_targetValue의 값인 30과 다르므로 실패다.
- **Node 2B**: 이는 자식을 한 번 더 검사한다. 자식 노드가 SUCCESS를 보고하므로 결과는 FAILURE가 되고 다음 노드로 넘어간다.
- **Node 2C**: 다시 currentValue 변수에 10을 더해 20이 된다. 그러나 이제 m_targetValue의 값은 30이므로 결과는 더 이상 SUCCESS가 아니다.

현재 구현에서 평가하지 않은 노드는 기본적으로 SUCCESS인데, 이는 NodeState.cs에 정의한 열거형의 순서 때문이다.

```
public enum NodeStates {
  SUCCESS,
```

```
  FAILURE,
  RUNNING,
}
```

우리의 열거형에서 SUCCESS는 첫 번째 항목이므로 한 번도 평가하지 않은 노드의 기본값은 변하지 않는다. 만일 m_targetValue의 값을 10으로 바꾸면 모든 노드는 녹색이 될 것이다. UpdateBoxes() 메소드는 평가 여부와 무관하게 모든 박스를 갱신한다. 이 예제에서 노드 2A는 즉시 SUCCESS를 보고하고 이에 따라 루트 노드도 SUCCESS를 보고한다. 따라서 노드 2B와 2C, 3은 전체 트리 평가에 영향을 주지 않으므로 평가가 이뤄지지 않는다.

이 테스트에서 루트 노드의 구현을 셀렉터를 시퀀스로 변경하고 테스트해보길 권한다. 이를 위해서는 단지 public Selector m_rootNode;를 public Sequence m_rootNode;로 바꾸고 m_rootNode = new Selector(rootChildren);를 m_rootNode = new Sequence(rootChildren);로 변경하면 된다. 완전히 다른 형태의 동작을 확인할 수 있다.

요약

6장에서는 행동 트리의 전체적인 동작 방식에 대해 살펴봤고 행동 트리를 구성하는 각 노드의 개별 타입에 대해서도 다뤘으며 상황에 따라 어떤 타입의 노드를 사용하는 것이 더 유용한지도 살펴봤다. 유니티 애셋 스토어에서 구할 수 있는 솔루션의 사용과 더불어 직접 자신만의 간단한 행동 트리 프레임워크를 C#을 사용해서 구현하는 방법도 살펴봤다. 그리고 이 프레임워크를 사용해서 간단한 행동 트리를 만들고 개념을 테스트해봤다. 배운 내용을 잘 사용하면 게임에 행동 트리를 적용해 인공지능을 한층 개선할 수 있다.

7장에서는 6장에서 배운 개념에 복잡도를 높이고 다양한 기능을 추가하는 방법을 다룰 예정이다. 지금 배운 행동 트리와 2장에서 다룬 FSM을 응용해 퍼지 로직 개념을 구현해볼 생각이다.

7

퍼지 로직을 사용한 인공지능 개선

퍼지 로직을 활용하면 좀 더 섬세한 방식으로 게임의 규칙을 표현할 수 있다. 이 책에서 다루는 내용은 한계가 있겠지만, 기본적으로 퍼지 로직은 수학과 매우 관련이 있다. 대부분의 정보는 온전히 수학적 함수로 표현할 수 있다. 유니티에서 적용할 때 중요한 개념을 설명하기 위한 목적으로 대부분의 수학적 요소는 간단하게 처리하고 유니티의 내장 기능을 사용할 예정이다. 만일 수학에 관심이 많고 조예가 깊다면 나중에 다양한 형태로 응용을 해봐도 좋다. 다음은 7장에서 다룰 내용이다.

- 퍼지 로직의 정의

- 퍼지 로직은 주로 어디에 사용하는가

- 퍼지 로직 컨트롤러 구현 방법

- 퍼지 로직 개념을 사용하는 다양한 형태

퍼지 로직 정의

퍼지 로직을 쉽게 설명하기 위해서는 바이너리 로직과 비교하면 좋다. 이전 장들에서는 상태 전이 규칙을 참 또는 거짓, 0 또는 1 등의 값에 의존했다. 예를 들면, 무엇이 보이는가? 일정 거리 내에 진입했는가? 다수의 값을 참조하는 경우에도 각 값은 결국 2개의 결과 중 하나를 가졌다. 반면에, 퍼지 로직에서 사용하는 값은 훨씬 더 다양한 범위의 가능성을 가진다. 값은 정수가 아닌 부동소수 데이터로 표현된다. 0 또는 1의 값을 살피는 것이 아니라 0에서 1 사이의 값을 살핀다고 생각하면 된다.

퍼지 로직을 설명할 때 흔히 온도를 예로 사용한다. 퍼지 로직은 특정하지 않은 데이터에 기반해 의사 결정을 내린다. 맑은 여름날 캘리포니아에서는 구체적으로 온도를 재보지 않아도 따뜻하다는 사실을 알 수 있다. 반대로 겨울 알래스카에 있다면 역시 온도를 재보지 않아도 춥다는 사실을 알 수 있다. 춥다, 시원하다, 따뜻하다, 덥다와 같은 개념이 바로 퍼지에 해당한다. 어디까지가 따뜻한 것이고 어디부터가 더운 것인지에 대해서는 다양한 이견이 있을 수 있다. 퍼지 로직을 사용하면 이런 개념을 모델링하고 일련의 규칙을 사용해 결과를 얻어낼 수 있다.

일반적으로 사람들이 의사결정을 내릴 때 애매한 영역이 존재한다. 다시 말하면 항상 검정과 흰색이 아니라는 말이다. 이와 동일한 개념을 퍼지 로직에 의존하는 에이전트에도 적용할 수 있다. 식사를 한 지 몇 시간이 지났고 슬슬 허기를 느끼기 시작한다고 해보자. 그렇다면 과연 언제 식사를 해야 할까? 정확한 시간을 기준으로 배가 고프고 고프지 않다고 나눌 수는 없을 것이다. 다음 그림을 참고하자.

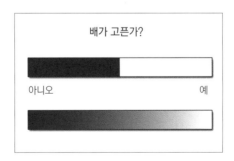

의사결정을 내릴 때는 다양한 요소가 관여하므로 이를 처리하는 퍼지 로직 컨트롤러가 필요하며 이는 가능한 많은 데이터를 참고로 해 결과를 도출한다. 음식을 먹어야 하는지 판단하는 예제를 다시 떠올려보자. 이 예제에서는 마지막에 먹은 후로 얼마의 시간이 흘렀는지에 대한 하나의 값만을 고려했다. 하지만 실제론 의사결정에 영향을 주는 요소는 더 다양하다. 예를 들면, 식사 후 얼마나 많은 에너지를 소비했는가 혹은 얼마나 게으르게 있었는가 등을 더 고려할 수도 있다. 그 외에도 생각해볼 수 있는 의사결정 고려 요소는 매우 다양하다.

퍼지 로직 시스템은 태생적으로 매우 유연하다. 입력을 제공하면 퍼지 로직은 출력을 제공한다. 게임에서 어떤 요소를 입력으로 사용할지는 전적으로 개발자의 몫이다. 주로 입력이 결과에 미치는 영향에 대해 살펴봤는데, 사실 이는 출력을 가지고 컴퓨터나 에이전트가 이해할 수 있는 형태로 사용하는 것을 의미한다. 하지만 출력은 어떤 일을 얼마나 많이 할지 결정하는 데 사용할 수도 있고 얼마나 빠르게 혹은 얼마나 오래 어떤 일이 벌어질지 결정하는 데 사용될 수도 있다. 예를 들어, 니트로 부스트를 사용할 수 있는 레이싱 게임의 차가 에이전트라고 생각해보자. 니트로 부스트를 사용하면 차는 더 높은 추진력을 얻을 수 있다. 이 때 0에서 1 사이의 수는 부스트 사용 시간 또는 부스트 사용 강도를 표현할 수 있다.

바이너리 시스템 대신 퍼지 시스템 얻기

이 책에서 다룬 이전 시스템과 더불어 게임 프로그래밍을 할 때 필연적으로 기술과 하드웨어 제약을 고려해 최선의 해법을 적용해야 한다.

예상하겠지만 단순한 예/아니오 시스템과 비교할 때 퍼지 로직을 사용하는 방식이 더 많은 비용이 들어가므로 꼭 필요한 곳에 선별적으로 적용해야 한다. 물론 더 복잡한 시스템이 항상 더 좋은 것도 아니다. 게임의 특성에 따라 단순하고 예측 가능한 바이너리 시스템이 더 나을 수도 있다.

오래된 격언 중에 "더 단순한 것이 더 좋다."라는 말도 있지만, "단순할수록 좋다. 하지만 너무 단순해선 안 된다."라는 격언도 함께 생각해 볼 필요가 있다. 이 말은 상대성 이론의 아버지인 알버트 아인슈타인이 널리 퍼뜨렸지만, 정확히 누가 처음

한 말인지는 확실치 않다. 중요한 깃은 누가 한 말이냐가 아니고 이 말에 담긴 의미다. 게임의 인공지능을 구현할 때는 필요한 목표를 충족시키는 선에서 최대한 단순해야지 의도를 해치면서까지 너무 단순화해서는 안 된다는 의미다. 예를 들면, 팩맨의 인공지능은 그 게임에 딱 맞도록 단순화된 형태지만 최신의 슈팅 게임이나 전략 게임에 적용하기엔 너무 단순하다.

이 책에서 다룬 내용과 예제를 살펴보고 자신이 만들고자 하는 게임에 가장 적합한 방식을 택하면 된다.

퍼지 로직 사용

퍼지 로직 뒤에 숨겨진 단순한 개념을 이해하고 나면, 다양한 응용에 대해 생각해 볼 수 있다. 사실 퍼지 로직도 게임에서 사용할 수 있는 다양한 도구 중 하나일 뿐이므로 꼭 필요한 곳에 잘 사용하면 된다.

퍼지 로직은 데이터 처리에 강점을 지닌다. 인간이 사고하고 행동하는 양식을 데이터화해 처리한 후 다시 시스템에서 사용할 수 있는 정보로 변환하는 형태로 동작한다.

퍼지 로직 컨트롤러는 다양한 실 세계 응용 사례를 가지고 있는데, 이를 게임 인공지능이랑 일대일로 비교하는 것은 별 의미가 없으며 아이디어를 얻기 위한 참고 사례 정도로 생각하면 된다.

- **냉난방**HVAC **시스템**: 퍼지 로직을 설명할 때 흔히 사용하는 온도 예시는 이론적인 것만은 아니며 실제로도 훌륭한 적용 사례다.

- **자동차**: 최신 자동차는 매우 정교한 컴퓨터 시스템을 내장하고 있다. 냉난방 장치는 물론이며 연료 전달 시스템과 자동 브레이킹 시스템 등 다양하다. 자동차에 컴퓨터를 탑재하기 시작하면서 기존에 사용하던 구식의 바이너리 시스템에 비해 효율성이 크게 올라갔다.

- **스마트폰**: 주위 조명에 따라 화면의 밝기가 조절되는 사례를 흔히 보았을텐데, 최신 스마트폰은 주위 조명뿐만 아니라 표현하는 컬러의 종류, 현재 배터리의 상태 등을 종합적으로 고려해서 화면 밝기를 조절한다.

- **세탁기**: 약 20년 전부터 개발되기 시작한 최신의 세탁기들은 퍼지 로직을 일부 포함하고 있다. 세탁물의 양이나 물의 탁한 정도, 온도와 다른 다양한 요소를 넣어서 매 세탁 과정에서 물의 사용량과 에너지 소비량, 세탁 소요 시간 등을 최적화하려는 시도를 하고 있다.

집 주변을 둘러보면 은근히 다양한 곳에서 이미 퍼지 로직이 사용되고 있음을 확인할 수 있다. 물론 제한된 범위 내에서의 활용이며 게임과 관련이 있지도 않기는 하지만 말이다. 하지만 이런 사례보다 우리는 마법사와 마법, 몬스터 등과 관련한 게임에 더 흥미가 있으므로 이와 관련된 예를 좀 더 살펴보자.

간단한 퍼지 로직 시스템 구현

이번에는 예시로 RPG 세상에 살고 있는 마법사 밥Bob을 생각해보자. 밥은 매우 강력한 치유 마법을 가지고 있는데, 그는 남아있는 체력 포인트(HPs)에 기반해 언제 마법을 사용할지 결정한다.

바이너리 시스템에서 밥이 의사 결정하는 방식은 아래와 같을 것이다.

```
if(healthPoints <= 50)
{
  CastHealingSpell(me);
}
```

밥의 체력이 2가지 상태 중 하나(50이 넘느냐 넘지 않느냐)를 가지는 것을 볼 수 있다. 물론 아무런 문제는 없다. 하지만 퍼지 로직을 사용하면 동일한 시나리오가 어떻게 달라지는지 살펴보자. 일단 밥의 체력 상태부터 결정하자.

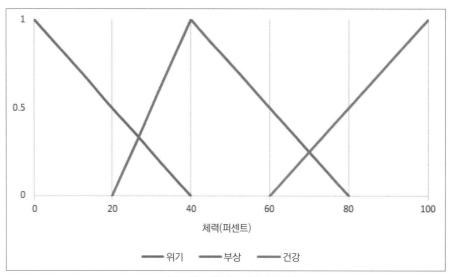

▲ 퍼지 값을 표현하는 일반적인 함수

이 차트를 어떻게 구성하는지에 대해서는 일단 크게 신경 쓰지 않아도 되며 간단하게 하나씩 살펴보자. 첫 번째 임펄스는 밥이 체력 상태에 따라 마법을 사용할 확률을 의미한다. 보다시피 간단한 리니어 함수로 구성된 형태다. 그다지 퍼지스럽지는 않다. 물론 바이너리 시스템보다는 분명 발전된 모습이다.

멤버십 함수라는 개념도 살펴보자. 이 개념은 우리 시스템의 핵심 중 하나로 진정한 상태 판정에 도움을 준다. 예를 들면 밥이 마법을 사용할지 판단할 때 단순한 하나의 값에 의존하는 것이 아니라 정보를 몇 개의 논리적 단위로 나눈 후 이 정보들을 조합해 상황을 판단하도록 한다.

이 예제에서, 3가지 상태를 비교하고 평가해 종합적인 결론을 도출한다.

- 밥이 위험한 상태에 놓여 있다.
- 밥이 다쳤다.
- 밥이 건강하다.

이를 전문용어로 설정해야 하는 멤버십의 수준이라고 부른다. 일단 이 정보를 알아내면 에이전트는 다음에 어떤 행동을 해야 할지 결정할 수 있게 된다.

그림을 보면 동시에 두 개의 상태가 참이 될 수 있음을 알 수 있다. 밥이 위기 상태이면서 다친 상태일 수 있다. 또한 다친 상태이면서 약간 건강한 상태일 수도 있다. 값의 범위는 자유롭게 조절할 수 있지만, 이 예제에서는 그림에 따라 해보자. 수직 값은 참의 수준을 나타내며 0부터 1 사이의 부동소수 값을 가진다.

- 체력이 0%면 위기 상태 평가 값은 1이다. 이는 밥의 체력이 완전히 소진된 상태를 의미한다.
- 체력이 40%면 밥이 완전히 다친 상태다.
- 체력이 100%면 밥이 완전히 건강한 상태다.

위와 같이 정확한 참 상태가 아닌 상태가 바로 퍼지 상태다. 예를 들어, 밥의 체력이 65% 남았다고 하면 다음과 같이 시각화할 수 있다.

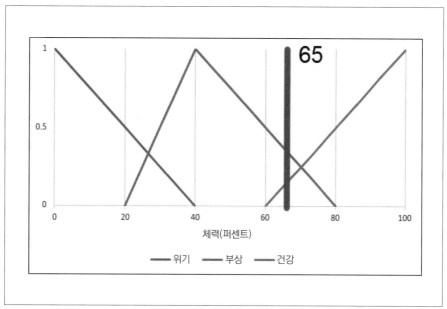

▲ 밥의 체력이 65%

밥의 체력이 65%인 시점에 수직선을 그렸다. 보다시피 이 선은 2번 교차하는데 이는 밥이 약간 다쳤으면서 동시에 어느 정도 건강한 상태임을 의미한다. 다만 수직선이 더 높은 곳에서 교차하는 상태는 다친 상태로 밥이 건강하긴 하지만 다친 상태가 더 크다는 것을 알 수 있다. 정확하게 말하면 밥은 37.5% 다쳤고 12.5% 건강하며 0% 위기다. 이를 코드로 살펴보자. 유니티에서 FuzzySample 씬을 열면 다음과 같은 계층 구조를 볼 수 있다.

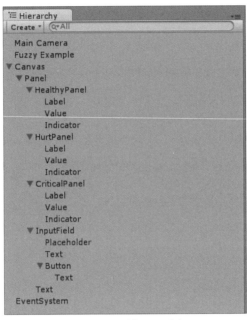

▲ 샘플 씬의 계층 구조 설정

중요한 게임 오브젝트는 Fuzzy Example이다. 이는 앞으로 살펴볼 로직을 담고 있다. 게다가 우리 Canvas는 동작에 필요한 모든 라벨과 입력 필드, 버튼을 포함하고 있다. 마지막으로, 유니티가 생성한 EventSystem과 Camera가 있는데 이는 무시해도 된다. 씬 설정에 특별한 점은 없지만 잘 익혀두고 익숙해지면 나중에 자신만의 설정을 갖추는 데 도움이 된다.

Fuzzy Example 게임 오브젝트를 선택하면 인스펙터는 다음 그림과 비슷한 형태로 나타난다.

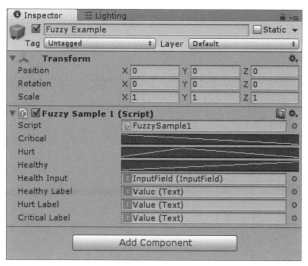

▲ Fuzzy Example 게임 오브젝트 인스펙터

예제 구현이 실제 개발할 게임에 꼭 필요한 요소는 아닐 수 있지만 앞서 설명한 내용을 명확히 이해하는 데 도움이 된다. 다른 방식으로 유니티의 AnimationCurve를 각각 사용할 수도 있다. 이를 사용하면 앞선 그래프와 동일한 라인을 빠르고 손쉽게 시각화할 수 있다.

안타깝게도 동일한 그래프에 모든 라인을 직접 그리는 방법은 없다. 따라서 각 세트별로 별도의 AnimationCurve를 사용해야 한다. 앞선 이미지를 보면 "Critical"와 "Hurt", "Healthy"라고 라벨이 붙은 모습을 볼 수 있다. 이 커브는 내장 메소드를 사용해 주어진 point(t)에서의 값을 구할 수 있다. 우리는 여기에서 t 값을 시간이 아닌 밤의 체력 양으로 사용한다.

이전 그래프를 보면 유니티 예제는 HP를 0부터 100 사이로 제공한다. 이 커브는 간단한 사용자 인터페이스도 제공해 값을 수정할 수 있다. 인스펙터에서 커브를 클릭하면 커브 편집 창이 뜨는데, 여기에서 지점을 추가하거나 이동하고 기울기를 변경하는 등의 처리를 할 수 있다. 다음 스크린샷을 참고하자.

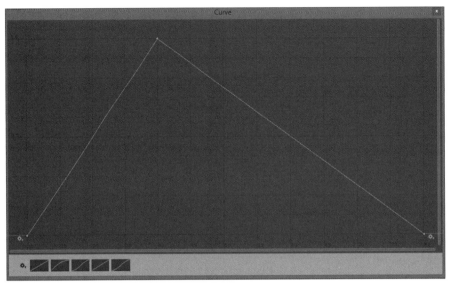

▲ 유니티 커브 편집 창

우리 예제는 삼각형 형태의 세트 형태를 가지는데 이는 각 세트가 선형linear 그래 프라는 의미다. 물론 이 형태는 각자 자유롭게 구성해도 좋지만 이런 형태가 가장 일반적인 모습이다. 벨 커브 또는 부등변 사각형 형태여도 무관하다. 여기에서는 최대한 단순화하기 위해 삼각형 형태를 다루기로 한다.

 http://docs.unity3d.com/ScriptReference/AnimationCurve.html에 방문하면 유니티의 AnimationCurve 편집기 관련 내용을 좀 더 살펴볼 수 있다.

필드의 나머지 부분은 앞으로 다룰 코드에서 사용하는 다양한 UI 요소에 대한 참조다. 변수 이름이 매우 직관적이라 별도의 설명은 필요하지 않아 보인다.

다음으로, 씬이 설정된 모습을 살펴보자. 씬을 플레이하면 게임 뷰는 다음 스크린 샷과 비슷한 형태가 된다.

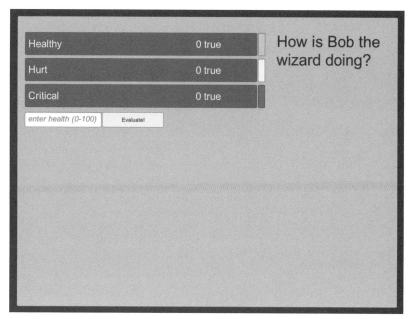

▲ 퍼지 값을 구현한 간단한 UI

3개로 구분된 그룹을 볼 수 있는데 각각은 마법사 밥의 상태를 표현한다. 밥은 건강 상태와 다친 정도, 위기 이렇게 3가지 상태를 갖는다. 각 상태는 "0 true"에서 시작해 실제 상태의 변화에 따라 표현이 동적으로 바뀐다.

테스트를 위한 입력 상자가 있어 %를 직접 입력할 수도 있다. 예외처리가 잘 된 상태가 아니니 0부터 100 사이의 값을 잘 입력해야 한다. 확인을 위해 65를 입력하고 Evaluate! 버튼을 눌러보자.

이는 약간의 코드를 실행하며 커브를 참고해 앞선 그래프에서 본 것과 정확히 동일한 결과를 제공한다. 수학은 언제나 과정이 올바르다면 예상된 결과를 정확히 내므로 그리 놀랄 일은 아니다. 게임 프로그래밍에서는 예측한 일을 직접 구현해보고 검증하는 과정이 매우 중요하다.

Evaluate! 버튼을 눌러서 테스트를 마치면, 게임 씬은 다음 스크린샷과 같은 모습이 된다.

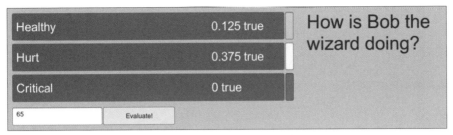

▲ 밥의 건강 상태가 65%일 때의 상태

정리하면, 체력은 12.5%, 다친 정도는 37.5%다. 아직은 이 데이터를 가지고 아무 런 일도 하지 않지만, 앞으로는 이 데이터를 가지고 모든 걸 처리할 예정이다.

```
using UnityEngine;
using UnityEngine.UI;
using System.Collections;

public class FuzzySample1 : MonoBehaviour {
    private const string labelText = "{0} true";
    public AnimationCurve critical;
    public AnimationCurve hurt;
    public AnimationCurve healthy;

    public InputField healthInput;

    public Text healthyLabel;
    public Text hurtLabel;
    public Text criticalLabel;

    private float criticalValue = 0f;
    private float hurtValue = 0f;
    private float healthyValue = 0f;
```

일단 변수부터 선언하자. labelText는 단지 라벨 용도로 사용할 상수다. 나중에 {0}을 실제 값으로 변경하면 된다.

다음으로 앞서 언급한 AnimationCurve 변수 3개를 선언한다. public으로 선언하 거나 인스펙터에서 접근할 수 있도록 해야 시각적인 편집이 가능하다. 물론 코드 로 커브를 만들 수도 있지만 불편하다.

그 뒤에 나오는 변수 4개는 단지 앞에서 본 인스펙터 스크린샷에서의 UI 엘리먼트에 대한 참조며 마지막 3개의 변수는 실제 부동소점 값으로 커브의 평가 값이다.

```
private void Start () {
  SetLabels();
}


/*
* 모든 커브를 평가하고 부동소서점 값을 반환한다.
*/
public void EvaluateStatements() {
  if (string.IsNullOrEmpty(healthInput.text)) {
    return;
  }
  float inputValue = float.Parse(healthInput.text);

  healthyValue = healthy.Evaluate(inputValue);
  hurtValue = hurt.Evaluate(inputValue);
  criticalValue = critical.Evaluate(inputValue);

  SetLabels();
}
```

Start() 메소드는 별다른 설명이 필요하지 않다. 여기에서는 단순히 라벨을 갱신해 기본 텍스트를 변경하는 일을 처리한다. EvaluateStatements() 메소드는 훨씬 흥미롭다. 일단 입력된 문자열에 대한 간단한 널 체크를 수행한다. 이는 빈 문자열을 파싱하려는 시도를 방지하기 위함이다. 앞에서 언급한 대로 유효성 검사는 수행하지 않으니 반드시 숫자를 입력해야 한다. 만일 숫자가 아닌 값을 입력하면 에러가 발생한다.

각 AnimationCurve 변수는 Evaluate(float t) 메소드를 호출하며, 이 때 t는 입력 필드에서 얻은 값으로 교체한다. 이 예제에서는 값이 65다. 그러면 다시 라벨을 가져온 값으로 갱신하면 된다. 코드는 다음과 같다.

```
/*
* 사용자가 입력한 체력 %에 기반해
* 평가된 값으로 GUI를 갱신한다.
```

```
*/
private void SetLabels() {
  healthyLabel.text = string.Format(labelText, healthyValue);
  hurtLabel.text = string.Format(labelText, hurtValue);
  criticalLabel.text = string.Format(labelText, criticalValue);
}
}
```

각 라벨을 가져와서 형식에 맞춘 형태로 labelText의 값을 교체한다. {0}을 실제 값으로 변경한다.

세트 확장

이 주제에 대해서는 앞에서 자세히 다뤘고 현재 세트를 구성하는 값들은 오로지 밥Bob에게만 해당한다는 걸 알아야 한다. 이제는 두 번째 마법사인 짐Jim에 대해 생각해보자. 짐은 밥보다 조금 더 난폭하며 "위기" 상태는 밥의 40과 달리 20 이하일 수 있다. 이런 차이점은 퍼지 로직을 사용할 때 얻을 수 있는 장점이다. 게임 내의 각 에이전트가 서로 다른 규칙을 가지더라도 시스템은 변하지 않는다. 규칙을 미리 정의할 수도 있고 일정 수준의 임의성을 부여할 수도 있다. 어쨌든 모든 에이전트는 각기 고유한 개성을 부여 받아 제각기 다른 행동 패턴을 선보일 수 있다.

게다가 상태가 꼭 3가지일 필요도 없다. 4가지 또는 5가지면 또 어떤가? 퍼지 로직 컨트롤러는 미리 정의한 규칙에 따라 동작하며 얼마나 많은 세트가 존재하는지 또는 얼마나 많은 가능성을 가질 수 있는지에 대한 시스템적인 제약을 하지 않는다.

데이터 명확하게 하기

지금까지 배운 대로라면 퍼지 로직은 바이너리 로직과 달리 일종의 애매함을 추구하는 것 같은 느낌을 준다. 하지만 퍼지 로직의 마지막 단계는 데이터와 의사결정을 명확히 하는 일이다. 이를 위해 다음과 같은 간단한 Boolean 연산을 생각해보자.

```
IF health IS critical THEN cast healing spell
```

아마도 이걸 본다면 "잠시만요. 이건 바이너리 컨트롤러 같은데요."라고 말할지도 모르겠다. 솔직히 맞는 말이다. 그렇다면 대체 이게 무슨 이야기인 걸까? 분명 정보를 모호하게 만들라고 하지 않았던가? 하지만 잘 생각해보자. 만일 퍼지 컨트롤러가 없다면 단순한 특정 수치를 기준으로 위기와 다친 상태 그리고 건강한 상태를 구분할 수밖에 없다. 하지만 퍼지 로직에서는 이런 상태 구분 단계에서 이미 모호성을 부여했기 때문에 이미 퍼지 개념은 적용된 상태다.

퍼지 로직을 사용함으로써 상태 판단 과정에서의 모호성을 부여했기 때문에 상태에 따른 의사결정 과정은 명확한 조건을 부여하는 게 가능한 것이다. 다시 말하면 체력이 위기 상태인가를 판단할 때 퍼지 로직이 적용됐기 때문에, 일단 위기 상태라면 무조건 마법을 사용해도 되는 것이다.

다음 다이어그램을 보면 좀 더 이해하기 쉽다.

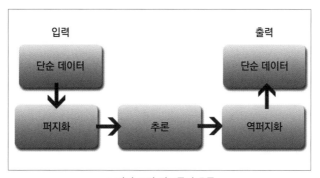

▲ 퍼지 로직 컨트롤러 흐름

결국 마지막 단계에 이르러서는 컴퓨터의 처리 방식에 의존해야 한다. 컴퓨터는 0과 1밖에 모른다.

- 시작은 단순 데이터로 한다. 단순 데이터란 매우 구체적인 실제의 값을 의미한다.
- 퍼지화 단계는 에이전트의 의사결정에 필요한 추상적이고 모호한 데이터를 만드는 과정이다.

- 추론 단계에서 에이전트는 데이터의 의미를 해석한다. 에이전트는 주어진 규칙에 기반해 상태를 판단한다. 이때는 사람이 의사결정을 할 때와 비슷한 과정이 관여한다.
- 역퍼지화 단계는 사람에게 친숙한 형태의 데이터를 컴퓨터가 이해할 수 있는 명확한 데이터로 다시 변환한다.
- 결국은 다시 구체화된 데이터를 가지고 에이전트의 의사결정을 한다.

최종 데이터 사용

퍼지 컨트롤러의 출력 데이터는 행동 트리나 유한상태 기계를 사용해서 처리할 수 있다. 물론 다수 컨트롤러의 출력을 결합할 수도 있다. 사실 다양한 조합을 사용할수록 좀 더 높은 수준의 인공지능을 보여줄 가능성이 크다. 다음 그림은 치유 마법 사용에 대한 의사결정에 사용하는 퍼지 로직 컨트롤러의 모습이다.

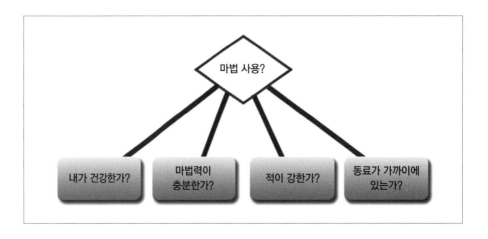

체력에 대해서는 앞에서도 살펴봤지만, 의사결정을 내릴 때는 그 외에도 고려해야 하는 요소가 다양할 수 있다.

충분한 마법력을 보유하고 있는가? 마법력이 거의 없을 수도 있고 약간의 마법력을 가지고 있을 수도 있고 충분할 수도 있다. 하지만 이 질문은 인간 형태의 플레이어에겐 적합하지 않을 수도 있다. 마법력이 충분하다는 의미는 아마도 이번 마법을 쓰고도 다른 마법을 또 쓸 수 있을 만큼 남아있는 상태일 수 있다. 이는 추후 퍼지 로직 컨트롤러를 사용해서 처리하면 자연스러워진다.

적이 강한가? 물론 적은 약할 수도 있고 평균적이거나 혹은 매우 강할 수도 있다. 이를 처리할 때도 단순한 수치를 가지고 강함 여부를 판단할 수도 있겠지만, 퍼지 컨트롤러를 연결해 나의 방어 상태와 적의 공격 파워 등을 종합적으로 고려해서 적의 강함 여부를 판단하는 편이 훨씬 더 자연스럽다.

동료가 가까이에 있는가? 물론 2장에서 배운 방식처럼 단순한 거리 숫자를 가지고 판단할 수도 있다. 하지만 주변의 장애물 정보 등까지 고려해서 종합적으로 판단한다면 좀 더 의미 있는 의사결정이 가능해진다. 구현을 하다 보면 중첩된 형태의 조건이 구성되기도 한다.

마지막에 언급한 형태를 위한 중첩된 컨트롤러는 다음과 같은 형태가 된다.

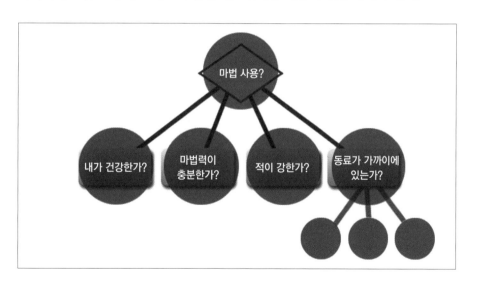

그림을 보면 상당히 트리처럼 생겼다. 각 노드를 평가할 때 퍼지 로직을 사용하는 행동 트리를 만들어도 아무런 문제가 되지 않는다. 이 두 개념을 합치면 매우 유연하고 강력하며 섬세하게 동작하는 인공지능 시스템을 만들 수 있다.

좀 더 간단한 접근법 사용

만일 간단한 평가 방식을 계속 사용하고 싶다면, 다시 말해서 행동 트리나 FSM을 사용하지 않고 좀 더 Boolean 연산자를 사용해서 에이전트의 행동을 결정하고자 할 때 슈도pseudo 코드는 다음과 같다.

```
IF health IS critical AND mana IS plenty THEN cast heal
```

참이 아닌 조건으로 검사할 수도 있다.

```
IF health IS critical AND allies ARE NOT close THEN cast heal
```

또한 다중 조건을 함께 사용할 수도 있다.

```
IF health IS critical AND mana IS NOT depleted AND enemy IS very
strong THEN cast heal
```

이렇게 간략화된 문장을 보면 퍼지 로직의 행복한 선물임을 알아챌 수 있다. 단순 출력이 의사 결정 조건의 추상화를 도와주고 이를 단순화된 데이터로 합쳐준다.

수많은 if/else 문장, 수많은 switch 구문을 사용하지 않고 좀 더 의미 있는 데이터 단위로 로직을 단순화할 수 있다.

다시 말하면, 읽고 사용하기 힘든 형태로 중첩된 구문을 절차적으로 작성하지 않아도 된다는 의미다. 디자인 패턴 관점에서 퍼지 로직을 사용해서 데이터를 추상화하는 형태가 좀 더 객체 지향적이라고 볼 수 있다.

퍼지 로직의 다른 사용 사례

퍼지 데이터는 이 책에서 소개한 주요 개념들과 함께 사용될 수 있다는 점에서 매우 특이하고 재미있다. 앞에서 이미 다수의 퍼지 로직 컨트롤러가 행동 트리와 함께 사용되는 모습을 살펴보기도 했다. FSM과 결합하는 형태도 생각해보면 그리 어렵지 않다.

다른 개념과의 결합

센서 시스템도 퍼지 로직을 잘 사용한다. 무언가를 보는 것은 바이너리 조건이지만 광량이 낮거나 대비가 낮은 환경에서는 사물의 인지가 어려워지기도 한다. 만일 어두운 밤 일정 거리에서 어떤 물체를 봤을 때 "고양이인가?"라고 생각했지만, 사실은 쓰레기 가방이거나 다른 동물이거나 심지어는 그저 환상이었을 때도 있을 것이다. 이와 동일한 개념은 소리나 냄새에도 적용된다.

길 찾기를 할 때, 그리드 비용을 따져서 이동을 하게 되는데 여기에도 퍼지를 적용하면 좀 더 재미있는 이동을 지원할 수도 있다.

밥이 다리로 건너가서 방어 태세에 있는 적과 싸우는 것이 유리할지 아니면 그냥 강을 헤엄쳐서 건너 적을 피하는 것이 유리할지는 판단해야 할 때, 만일 밥이 수영은 잘하지만 싸움은 잘하지 못한다면 선택은 분명해진다.

완전히 고유한 경험 생성

우리가 만드는 에이전트는 퍼지 로직을 사용해서 개성을 흉내낼 수도 있다. 어떤 에이전트는 좀 더 용감할 수도 있다. 얼마나 빠른가, 얼마나 멀리 갈 수 있는가, 에이전트의 크기 등 고유한 특성이 의사결정 과정에서 활용되기도 한다.

개성은 적이나 동료, 친구, NPC, 심지어 게임의 규칙에까지 적용이 가능하다. 게임은 플레이어의 진행상태나 플레이 스타일, 진행한 레벨 등으로부터 데이터를 수집해 동적으로 난이도를 조절하거나 좀 더 독특하고 개인화된 도전과제를 제시할 수도 있다.

퍼지 로직은 기술적인 게임 규칙에도 사용할 수 있다. 멀티플레이어 로비에서의 플레이어 수라던가 플레이어에게 보여줄 데이터 형태 그리고 플레이어 간의 매칭에도 사용할 수 있다. 플레이어에 대한 통계 정보를 활용하면 협동형 환경에서는 플레이 스타일을 고려한 매칭이 가능하고 경쟁형 환경에서는 비슷한 스킬 레벨을 가진 플레이어끼리 붙여줄 수 있다.

요약

퍼지 로직은 일단 기본 개념을 잘 이해하고 나면 그리 혼란스럽지 않은 기술이다. 수학적인 관점에서 접근하면 다소 혼란스럽게 느껴질 수도 있지만, 실전을 통해 내용을 이해하고 나면 친숙해질 수 있고 어려운 내용도 쉽게 다가온다. 이제는 게임에서 사용할 수 있는 강력한 무기가 하나 더 생겼다고 볼 수 있다.

퍼지 로직을 실 세계에서 사용하는 방법도 살펴봤는데 바이너리 시스템으로는 하기 힘든 일을 어떻게 퍼지 로직으로 처리하는지도 알아봤다. 또한 멤버 함수와 멤버십의 수준, 퍼지 세트의 개념을 사용한 자신만의 퍼지 로직 컨트롤러를 구현하는 방법도 배웠다. 마지막으로 결과 데이터를 사용하는 다양한 방법에 대해 다뤘으며 이 기법을 사용해 우리의 에이전트의 개성을 강화할 수 있다는 사실도 알았다.

8장에서는 이 책에서 소개한 다양한 개념을 함께 사용하는 방법에 대해 살펴볼 예정이다.

8

통합

이제 긴 여정의 마무리 단계까지 왔다. 유니티로 만드는 게임에서 흥미로운 인공지능을 구현하는 데 필요한 기본적인 모든 도구에 대해 배웠다. 이 책의 전 과정에서 계속 강조한 것처럼 이 책에서 다룬 개념과 패턴은 개별적인 특성을 가졌지만 원하는 인공지능을 구현하기 위해서는 여러 개념을 조화롭게 사용할 필요가 있다. 이 책을 마무리하는 의미에서 간단한 탱크 방어 게임을 하나 만들어보자. 지금까지 배운 내용을 다양하게 사용해 하나의 게임으로 구성하는 데 그 의미가 있다. 그리고 원한다면 이 예제를 토대로 자신이 원하는 형태로 게임을 확장해보는 것도 좋은 접근이다. 다음은 8장에서 다룰 내용이다.

- 지금까지 배운 내용을 하나의 프로젝트에 통합해 적용
- 인공지능 타워 에이전트 생성
- NavMeshAgent 탱크 생성
- 환경 설정
- 샘플 씬 테스트

규칙 설정

우리가 만들 게임은 아주 간단하다. 체력이나 데미지, 승리 조건 등은 온전히 이 책의 독자인 여러분에게 맡길 것이며 이 예제는 탱크 방어 게임을 만들기 위한 기본 설정에 집중할 예정이다.

에이전트에 어떤 로직과 행동을 적용할지 결정할 때는 단순한 아이디어가 아닌 구체적인 규칙을 세우는 것이 중요하다. 물론 다양한 기능을 구현함에 따라 규칙은 변경되기도 하지만 정리된 개념을 세우고 있어야만 각 작업에 가장 적합한 방식을 적용할 수 있다.

이 게임은 전통적인 타워 디펜스 장르의 변형으로 다가오는 적을 막기 위한 타워를 설치하지는 않는다. 대신 탱크가 타워의 공격을 피해 가는 형태의 게임이다. 탱크가 미로를 이동해가면 길목에 놓인 타워는 포탄으로 이동하는 탱크를 공격한다. 탱크가 무사히 반대편에 도달하기 위해 다음과 같이 2가지 능력을 제공하자.

- Boost: 이 능력은 잠깐 동안 탱크의 이동 속도를 2배 빠르게 한다. 이 능력은 포탄을 피해 달아날 때 유용하다.
- Shield: 이 능력은 잠깐 동안 탱크 주변에 보호막을 생성해 포탄을 막아준다.

우리 예제에서는 유한 상태 기계를 사용해 타워를 구현할 예정이다. 타워는 가질 수 있는 상태가 많지 않아 복잡한 행동 트리를 사용할 필요가 없다. 또한 타워는 주변을 인지할 수 있어야 한다. 구체적으로 말하자면 근처에 공격할 대상인 탱크가 존재하는지 알아낼 수 있어야 발포를 할 수 있다. 이를 위해 구 형태의 트리거를 사용해 타워의 시야 범위로 사용하자. 탱크는 스스로 환경을 탐색할 수 있어야 하므로 NavMesh와 NavMeshAgent를 사용하자.

타워 생성

8장의 예제 프로젝트를 보면 Prefabs 폴더 내에서 Tower 프리팹을 발견할 수 있는데 매우 간단한 형태다. 프리미티브 타입을 조합해 대포처럼 생긴 모습을 만들었다. 다음 스크린샷을 참고하자.

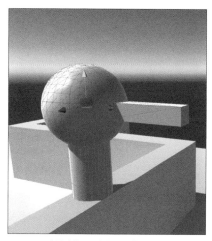

▲ 아름다운 프리미티브 형태의 타워

총열은 타워의 둥근 부분에 붙어 있다. 총은 자유롭게 축을 따라 회전하면서 플레이어를 겨냥하고 발포할 수 있지만, 이동은 불가능하다. 일단 탱크가 너무 멀어지면 타워는 발사를 멈추고 다시 원위치로 이동한다.

예제 씬에는 몇 개의 타워가 놓여 있다. 타워는 프리팹 형태이므로 복제와 이동, 재사용이 쉽다. 설정은 그리 복잡하지 않다. 계층 구조는 다음 스크린샷과 같은 형태다.

▲ 인스펙터상에서의 Tower 계층 구조

계층 구조는 다음과 같이 나뉜다.

- Tower: 기술적으로 이는 타워의 기반이다. 실린더 형태로 나머지를 들고 있으며 특별한 기능이 있지는 않다.
- Gun: 총은 가장 중요한 부분으로 타워에 연결된 구 형태이며 총열을 가지고 있다. 플레이어를 따라 이동하며 추적하는 역할을 담당한다.
- Barrel과 Muzzle: 총구는 총열의 끝에 위치하며 총알이 재장전되는 위치다.

가장 중요한 부분인 총에 대해 좀 더 깊게 살펴보자. 인스펙터를 살펴보면 다음 스크린샷과 같은 모습이다.

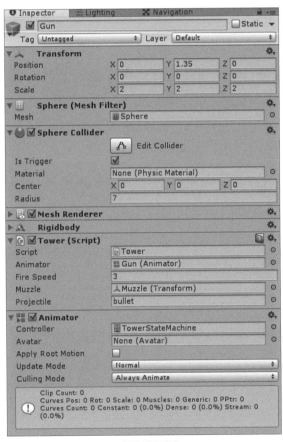

▲ 총의 인스펙터

로직에 영향을 주는 컴포넌트를 하나씩 차례로 살펴보자.

- Sphere Collider: 이는 기본적으로 타워의 범위다. 탱크가 이 구의 영역 이내로 진입하면 타워는 이를 감지하고 발사를 시작한다. 반경은 7로 설정했다. 물론 다른 값으로 바꿀 수도 있지만 7이면 적당한 값이다. 또한 Is Trigger 체크박스를 선택해야 한다. 이 구가 발사 트리거 이벤트를 발생시키는 데 필요하다.

- Rigidbody: 이 컴포넌트는 컬라이더가 오브젝트의 움직임과 무관하게 제대로 동작하는 데 필요하다. 이는 강체 컴포넌트를 가지지 않은 오브젝트에 대해서는 움직이지 않을 때 유니티가 충돌이나 트리거 이벤트를 보내지 않기 때문이다.

- Tower: 이는 타워에 대한 로직 스크립트로 상태 기계, 상태 기계 행동과 함께 동작한다. 이 컴포넌트에 대해서는 곧 자세히 살펴볼 예정이다.

- Animator: 이는 타워의 상태 기계로 실제 애니메이션을 처리하지는 않는다.

타워를 제어하는 코드를 살펴보기 전에 상태 기계부터 간단히 살펴보자. 다음 스크린샷을 보면 알 수 있듯이 그리 복잡하진 않다.

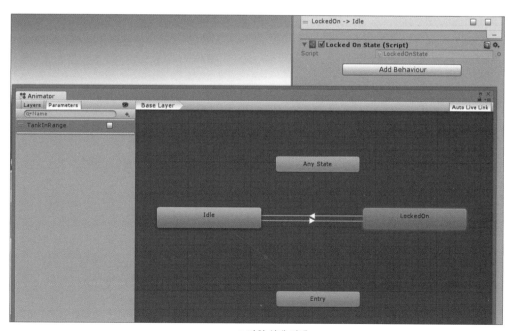

▲ 타워 상태 기계

신경 써서 봐야 하는 두 상태는 Idle(기본 상태)과 LockedOn이다. Idle에서 LockedOn으로의 상태 전이는 TankInRange 불 변수가 true일 때다. 그리고 불 변수가 false일 때는 그 반대의 상태전이가 일어난다.

LockedOn 상태는 연결된 StateMachineBehaviour 클래스를 가지는데, 내용을 살펴보자.

```
using UnityEngine;
using System.Collections;

public class LockedOnState : StateMachineBehaviour {

  GameObject player;
  Tower tower;

  //OnStateEnter는 상태 전이가 시작될 때 호출되고
  //상태 기계는 이 상태를 평가하기 시작한다.
  override public void OnStateEnter(Animator animator,
    AnimatorStateInfo stateInfo, int layerIndex) {
    player = GameObject.FindWithTag("Player");
    tower = animator.gameObject.GetComponent<Tower>();
    tower.LockedOn = true;
  }

  //OnStateUpdate는 OnStateEnter와 OnStateExit 콜백 사이에서
  //매 Update 프레임에 호출된다.
  override public void OnStateUpdate(Animator animator,
    AnimatorStateInfo stateInfo, int layerIndex) {
    animator.gameObject.transform.LookAt(player.transform);
  }

  //OnStateExit는 상태전이가 끝나고 상태 기계가
  //이 상태에 대한 평가를 마쳤을 때 호출된다.
  override public void OnStateExit(Animator animator,
    AnimatorStateInfo stateInfo, int layerIndex) {
    animator.gameObject.transform.rotation = Quaternion.identity;
    tower.LockedOn = false;
  }
}
```

상태에 진입하고 OnStateEnter가 호출됐을 때 플레이어에 대한 참조를 찾을 수 있다. 이번 예제에서 플레이어는 "Player"라고 태그가 되어 있기 때문에 GameObject.FindWithTag를 사용해서 참조를 얻을 수 있다. 다음으로 타워 프리팹에 연결된 Tower 컴포넌트에 대한 참조를 가져와서 LockedOn 불 변수를 true로 설정하면 된다.

상태에 머무는 동안 OnStateUpdate는 매 프레임 호출된다. 이 메소드 내에서 Animator 참조를 통해 Gun GameObject(Tower 컴포넌트가 연결된)에 대한 참조를 얻는다. 이 참조를 통해 Transform.LookAt을 사용해서 총이 탱크를 추적하도록 한다.

 Tower의 LockedOn 불 변수를 true로 설정하면 이 로직은 Tower.cs 스크립트를 통해 제어할 수 있다.

마지막으로 상태를 빠져나올 때 OnStateExit가 호출된다. 이 메소드는 일부 정리 작업도 수행한다. 총의 회전 상태를 초기화하고 Tower의 LockedOn 불 변수를 false로 설정한다.

보다시피 이 StateMachineBehaviour는 Tower.cs 스크립트와 상호작용을 한다. Tower.cs에 대해 좀 더 살펴보자.

```
using UnityEngine;
using System.Collections;

public class Tower : MonoBehaviour {
  [SerializeField]
  private Animator animator;

  [SerializeField]
  private float fireSpeed = 3f;
  private float fireCounter = 0f;
  private bool canFire = true;

  [SerializeField]
  private Transform muzzle;
```

```
[SerializeField]
private GameObject projectile;

private bool isLockedOn = false;

public bool LockedOn {
  get { return isLockedOn; }
  set { isLockedOn = value; }
}
```

우선 변수와 속성을 선언한다.

상태 기계에 대한 참조가 필요한데 이때 Animator 변수가 사용된다. 다음 3개의
변수 fireSpeed와 fireCounter, canFire는 모두 타워의 발사 로직과 관련이 있다.
이 동작은 나중에 살펴보자.

앞에서 언급한 것처럼 총구는 발사가 이뤄질 때 총알이 생성되는 곳이다. 포탄은
인스턴스화할 프리팹이다.

마지막으로, isLockedOn은 LockedOn을 통해서 얻고 설정할 수 있다. 사실 이
책에서는 코딩 규칙에 대해서 거의 언급한 적이 없는데 일반적으로 변수는 외
부 접근을 제한하는 형태가 더 좋다. 따라서 isLockedOn을 그대로 노출하지 말
고 외부에서 접근할 수 있는 프로퍼티를 제공하는 편이 더 낫다. 이 경우에는
LockedOnSate를 통해 접근한다.

```
private void Update() {
  if (LockedOn && canFire) {
    StartCoroutine(Fire());
  }
}

private void OnTriggerEnter(Collider other) {
  if (other.tag == "Player") {
    animator.SetBool("TankInRange", true);
  }
}
```

```
private void OnTriggerExit(Collider other) {
  if (other.tag == "Player") {
    animator.SetBool("TankInRange", false);
  }
}


private void FireProjectile() {
  GameObject bullet = Instantiate(projectile, muzzle.position,
    muzzle.rotation) as GameObject;
  bullet.GetComponent<Rigidbody>().AddForce(muzzle.forward *
    300);
}


private IEnumerator Fire() {
  canFire = false;
  FireProjectile();
  while (fireCounter < fireSpeed) {
    fireCounter += Time.deltaTime;
    yield return null;
  }
  canFire = true;
  fireCounter = 0f;
  }
}
```

이제 타워 로직을 구현하는 데 필요한 모든 메소드와 필수 요소를 갖췄으며,
Update 루프 안에서 2가지를 검사하면 된다. 목표물을 발견했는가? 목표물에 발
사할 수 있는가? 두 조건이 모두 참이면 Fire() 코루틴을 사용해서 발사하면 된
다. OnTrigger 메시지를 살펴보기 전에 왜 Fire()를 코루틴으로 만드는지 살펴볼
예정이다.

 코루틴에 대해 익숙하지 않다면 다소 이해하는 데 어려움이 따를 수도 있다. 코루틴을 사
용하는 방법과 관련한 정보가 필요하면 유니티 문서 http://docs.unity3d.com/Manual/
Coroutines.html을 참고하기 바란다.

우리는 타워가 탱크를 향해 미친 발사 기계처럼 무한히 발사하길 원하지는 않기 때문에 앞에서 정의한 변수를 사용해서 각 발사 간에 간격을 두기로 하자. FireProjectile()을 호출한 후 canFire를 false로 설정하고 0부터 fireSpeed까지 카운트를 센 후 다시 canFire를 true로 설정하면 된다. FireProjectile() 메소드는 포탄의 인스턴스화와 Rigidbody.AddForce를 사용한 발사를 처리한다. 실제 총알 로직은 다른 곳에서 처리하는데 나중에 살펴보자.

마지막으로 2개의 OnTrigger 이벤트가 있다. 하나는 이 컴포넌트에 연결된 트리거에 진입할 때이며 나머지는 이 트리거를 떠날 때다. TankInRange 불 변수가 상태 기계의 상태 전이를 유도한다는 걸 기억할 필요가 있다. 이 변수는 트리거에 진입할 때 true가 되고 떠날 때 false가 된다. 기본적으로 탱크가 총의 구 영역인 시야에 들어오면 즉각적으로 탱크를 조준하고 탱크가 영역을 벗어나면 더 이상 탱크를 추적하지 않는다.

타워 발사 처리

인스펙터에서 Tower 컴포넌트를 살펴보면 bullet이란 이름의 프리팹이 projectile 변수에 지정된 모습을 확인할 수 있다. 이 프리팹은 예제 프로젝트의 Prefabs 폴더에서 찾을 수 있다. 프리팹의 형태는 다음 스크린샷과 같다.

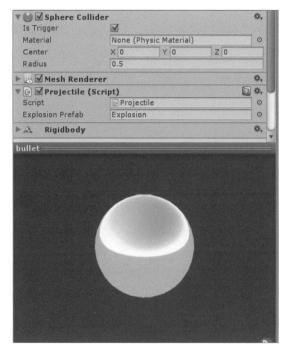

▲ 총알 프리팹

bullet 게임 오브젝트는 평범하다. 단지 밝은 노란색 구 형태일 뿐이다. 여기에는 구 형태의 콜라이더가 연결돼 있다. 다시 말하지만 IsTrigger가 true여야 하고 연결된 Rigidbody(gravity는 off)를 가져야 한다. 또한 bullet 프리팹에 연결된 Projectile 컴포넌트도 가져야 한다. 이는 충돌 로직을 처리하는데 코드로 살펴보자.

```
using UnityEngine;
using System.Collections;

public class Projectile : MonoBehaviour {

  [SerializeField]
  private GameObject explosionPrefab;

  void Start () { }
```

```
private void OnTriggerEnter(Collider other) {
  if (other.tag == "Player" || other.tag == "Environment") {
    if (explosionPrefab == null) {
      return;
    }
    GameObject explosion = Instantiate(explosionPrefab,
      transform.position, Quaternion.identity) as GameObject;
    Destroy(this.gameObject);
  }
}
}
```

스크립트는 매우 직관적이다. 우리 지형에서 모든 바닥과 벽은 "Environment"라
는 태그를 달고 있으므로 OnTriggerEnter 메소드에서 포탄이 플레이어 또는 환
경과 충돌했는지 검사한다. 만일 충돌했다면 explosion 프리팹을 인스턴스화하
고 포탄을 소멸시킨다. explosion 프리팹은 다음처럼 생겼다.

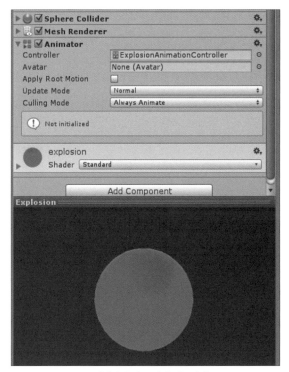

▲ 선택된 폭발 프리팹 인스펙터

보다시피 매우 유사한 게임 오브젝트가 존재한다. IsTrigger가 true인 구 콜라이더가 있다. 가장 큰 차이는 animator 컴포넌트다. 이 explosion이 인스턴스화되면 폭발처럼 확장된다. 그리고 상태 기계를 사용해서 폭발 상태가 끝나면 인스턴스를 제거한다. animation 컨트롤러는 다음 스크린샷과 같다.

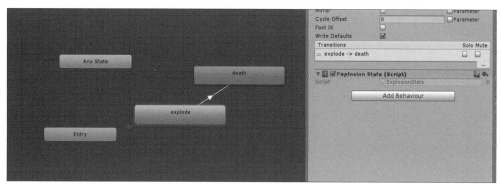

▲ 애니메이션 컨트롤러는 폭발 프리팹을 제어한다

explode 상태는 연결된 행동을 가지고 있다. 이 행동과 관련한 코드는 아주 간단하다.

```
//상태 전이가 끝나면 OnStateExit가 호출되고
//상태 기계는 이 상태 평가를 종료한다.
override public void OnStateExit(Animator animator,
  AnimatorStateInfo stateInfo, int layerIndex) {
  Destroy(animator.gameObject, 0.1f);
}
```

여기에서 하는 일은 애니메이션이 끝났을 때 상태를 벗어나면서 오브젝트의 인스턴스를 제거하는 일이다.

 만일 자신만의 게임 로직을 적용하고 싶다면 여기가 매우 좋은 장소다. 피해, 환경 파티클 등 원하는 어떤 이차적 효과든지 적용할 수 있다.

탱크 설정

예제 프로젝트는 탱크 프리팹도 포함하고 있다. Prefabs 폴더 내에 Tank라는 이름을 찾으면 된다.

탱크 자체는 하나의 목적을 갖는 간단한 에이전트다. 목적은 미로의 끝에 도달하는 것이다. 앞에서도 언급한 것처럼 플레이어는 탱크가 길을 따라 이동하면서 능력을 활용해 타워의 포격으로부터 벗어나 안전하게 이동하도록 해야 한다.

이제는 프리팹에 연결된 Tank.cs 컴포넌트를 제외하고는 모두 익숙한 컴포넌트다. 잠시 코드를 살펴보면서 코드가 처리하는 일을 알아보자.

```
using UnityEngine;
using System.Collections;

public class Tank : MonoBehaviour {
  [SerializeField]
  private Transform goal;
  private NavMeshAgent agent;
  [SerializeField]
  private float speedBoostDuration = 3;
  [SerializeField]
  private ParticleSystem boostParticleSystem;
  [SerializeField]
  private float shieldDuration = 3f;
  [SerializeField]
  private GameObject shield;

  private float regularSpeed = 3.5f;
  private float boostedSpeed = 7.0f;
  private bool canBoost = true;
  private bool canShield = true;
```

조작을 쉽게 하려면 다양한 값이 필요하므로 각 변수부터 선언한다. 능력의 지속 시간부터 이와 관련한 이펙트를 우선 설정한다.

```
  private bool hasShield = false;
  private void Start() {
    agent = GetComponent<NavMeshAgent>();
```

```
    agent.SetDestination(goal.position);
  }

  private void Update() {
    if (Input.GetKeyDown(KeyCode.B)) {
      if (canBoost) {
        StartCoroutine(Boost());
      }
    }
    if (Input.GetKeyDown(KeyCode.S)) {
      if (canShield) {
        StartCoroutine(Shield());
      }
    }
  }
}
```

Start 메소드는 탱크를 위한 약간의 설정을 처리한다. NavMeshAgent 컴포넌트를 가지고 목적지를 우리의 목적지 변수와 동일하게 만든다. 이 내용은 곧 다룰 예정이다.

탱크의 능력 기능 입력을 캐치하기 위해 Update 메소드를 사용한다. B는 boost, S는 shield로 설정했다. 타워의 발사 기능과 마찬가지로 시간 제한이 있는 능력이므로 코루틴을 사용해서 구현한다.

```
  private IEnumerator Shield() {
    canShield = false;
    shield.SetActive(true);
    float shieldCounter = 0f;
    while (shieldCounter < shieldDuration) {
      shieldCounter += Time.deltaTime;
      yield return null;
    }
    canShield = true;
    shield.SetActive(false);
  }

  private IEnumerator Boost() {
    canBoost = false;
    agent.speed = boostedSpeed;
```

```
  boostParticleSystem.Play();
  float boostCounter = 0f;
  while (boostCounter < speedBoostDuration) {
    boostCounter += Time.deltaTime;
    yield return null;
  }
  canBoost = true;
  boostParticleSystem.Pause();
  agent.speed = regularSpeed;
}
```

두 능력의 로직은 매우 유사하다. shield는 우리가 인스펙터에 정의한 변수인 shield 게임 오브젝트를 활성화하거나 비활성화한다. 그리고 shieldDuration만 큼의 시간이 흐른 후 이를 비활성화시키고 다시 플레이어가 shield를 사용할 수 있게 한다.

Boost 코드의 가장 큰 차이는 게임 오브젝트를 활성화하거나 비활성화하는 것이 아니며, boost는 인스펙터를 통해 지정한 파티클 시스템의 Play를 호출하고 NavMeshAgent의 속도를 2배로 일정 시간 동안 유지한다는 점이다.

 탱크가 가졌으면 하는 능력이 더 있다면 얼마든지 원하는 대로 추가하면 된다. 매우 직관적인 패턴이므로 그리 어렵지 않게 추가를 할 수 있다. 또는 보호 기능과 부스트 기능을 더 개선해보는 것도 좋다.

예제 씬은 이미 모든 변수를 적절하게 설정한 탱크 인스턴스를 가지고 있다. 예제 씬의 탱크 인스펙터는 다음 스크린샷과 같은 모습이다.

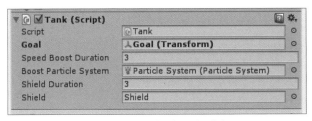

▲ 선택된 탱크 인스턴스 인스펙터

이전 스크린샷을 보면 알 수 있듯, Goal 변수를 같은 이름의 트랜스폼에 지정했다. 이 트랜스폼은 미로의 끝에 위치한다. 여기에서 능력의 지속 시간을 조정할 수도 있다. 기본 지속 시간은 3초다. 또한 여기에서 능력과 관련된 파티클 또는 게임 오브젝트 등의 아트를 교체할 수도 있다.

마지막으로 살펴볼 코드는 카메라다. 우리는 카메라가 플레이어를 따라 z축을 기준으로 수평으로만 이동하길 원한다. 코드는 다음과 같다.

```
using UnityEngine;
using System.Collections;

public class HorizontalCam : MonoBehaviour {
  [SerializeField]
  private Transform target;

  private Vector3 targetPositon;

  private void Update() {
    targetPositon = transform.position;
    targetPositon.z = target.transform.position.z;
    transform.position = Vector3.Lerp(transform.position,
      targetPositon, Time.deltaTime);
  }
}
```

보다시피 단순하게 카메라의 목표 지점을 모든 축에 대해 현재 위치와 모두 동일하게 설정했다. 다만 이후 목표 지점의 z축을 우리의 타깃과 동일하게 재지정했다. 인스펙터를 보면 탱크의 트랜스폼으로 설정된 것을 볼 수 있다. 이후 선형 보간법 (Vector3.Lerp)을 사용해서 부드럽게 카메라를 현재 위치에서 목표 위치로 매 프레임 이동시키면 된다.

환경 설정

우리 탱크가 환경을 돌아다니기 위해 NavMeshAgent 컴포넌트를 사용하므로, 베이크bake 과정이 제대로 동작하도록 하기 위해 스태틱 게임 오브젝트를 사용해서 씬을 설정해야 한다. 이 내용은 4장에서 배웠던 내용이다. 미로는 타워가 적당히 퍼져 있도록 구성하고 탱크가 전략적으로 피해갈 수 있는 충분한 여지를 둔다. 다음 스크린샷은 일반적인 형태의 미로 구성이다.

▲ 탱크가 헤쳐가야 하는 공격

보다시피 7개의 타워가 전체 미로에 걸쳐 설치돼 있고 약간 복잡하게 구성된 미로는 탱크의 시야를 방해한다. 탱크가 벽에 부딪히지 않도록 하려면 내비게이션 창에서 설정을 일부 조절해야 한다. 기본적으로 예제 씬에서 에이전트의 반지름은 1.46이며 스텝 높이는 1.6이다. 이 값은 그저 시행착오를 통해 결정된 것이며 특별한 방법이 있는 것은 아니다.

NavMesh를 베이킹하고 나면 다음 스크린샷과 같은 결과를 얻을 수 있다.

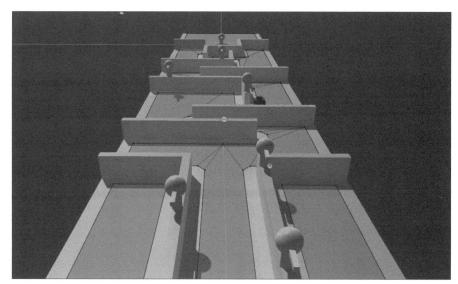

▲ NavMesh 베이크 이후의 씬

원하는 형태로 벽과 타워를 다시 구성해도 좋다. 단지 모든 블로킹 오브젝트는 반드시 스태틱이어야 하며 원하는 형태로 씬을 구성한 후에는 반드시 내비게이션을 다시 베이크해야 한다는 점만 잊지 않으면 된다.

예제 테스트

이제 예제 씬을 실행할 준비가 됐다. 기본 설정 중 고치고 싶은 부분이 더 없다면 Play 버튼을 누르고 탱크의 이동을 감상하면 된다. 플레이어에게 조작법을 설명하기 위한 라벨을 캔버스에 추가한 것을 볼 수 있는데 디자인이 우수하진 않다.

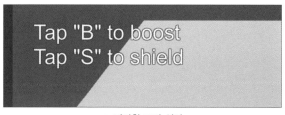

▲ 간단한 조작 설명

예제 프로젝트는 원하는 기능을 확정하기에 좋은 형태를 가지고 있다. 이 책 전반에 걸쳐 배운 개념을 활용하면 타워의 형태를 늘릴 수도 있고 탱크의 능력을 추가할 수도 있으며 규칙을 더할 수도 있다. 심지어 탱크의 동작을 복잡하고 섬세하게 만들 수도 있다. 상태 기계, 내비게이션, 인지와 센싱, 조향 등의 개념을 하나의 간단하면서도 재밌는 예제로 구성했다. 다음 스크린샷은 실행 중인 게임의 모습이다.

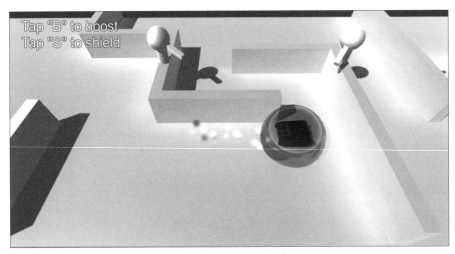

▲ 실행 중인 탱크 방어 게임

요약

드디어 마지막까지 왔다. 8장에서는 이 책에서 다룬 개념들을 가지고 간단한 탱크 방어 게임을 만들어봤다. 2장에서 다룬 유한 상태 기계 개념을 기반으로 만들었으며, 적 타워의 동작에는 인공지능을 구현했다. 그리고 센싱과 인지를 결합해서 동작을 개선했다. 그리고 마지막으로 탱크 인공지능이 미로처럼 생긴 맵을 인공지능 타워의 공격을 피해 가면서 이동하도록 만들기 위해 유니티의 NavMesh 기능을 사용해서 내비게이션을 구현했다.

찾아보기

에이콘출판의 기틀을 마련하신 故 정완재 선생님 (1935-2004)

유니티 게임 AI 프로그래밍 2/e

유니티 5로 구현하는 게임 제작에 필요한 인공지능 기술

발 행 | 2016년 5월 27일

지은이 | 레이 바레라 · 아웅 시투 키아우 · 클리포드 피터스 · 뗏 네잉 세예
옮긴이 | 조 경 빈

펴낸이 | 권 성 준
편집장 | 황 영 주
편 집 | 조 유 나
　　　　배 혜 진
디자인 | 박 주 란

에이콘출판주식회사
서울특별시 양천구 국회대로 287 (목동)
전화 02-2653-7600, 팩스 02-2653-0433
www.acornpub.co.kr / editor@acornpub.co.kr

한국어판 ⓒ 에이콘출판주식회사, 2016, Printed in Korea.
ISBN 978-89-6077-862-7
ISBN 978-89-6077-210-6 (세트)
http://www.acornpub.co.kr/book/unity-ai-2e

이 도서의 국립중앙도서관 출판시도서목록(CIP)은 서지정보유통지원시스템 홈페이지(http://seoji.nl.go.kr)와
국가자료공동목록시스템(http://www.nl.go.kr/kolisnet)에서 이용하실 수 있습니다.(CIP제어번호: CIP2016012097)

책값은 뒤표지에 있습니다.